Patimatli ali Alice
tu Vãsilia ti Ciudii

Patimatli ali Alice tu Vãsilia ti Ciudii

Anyrãpsitã di
Lewis Carroll

CADURI DI
JOHN TENNIEL

ARMÃNEASHTI DI
MARIANA BARA

evertype

2015

Publicată di/*Published by* Evertype, 73 Woodgrove, Ballyfin Road, Portlaoise, Co. Laois, R32 ENP6, Ireland. *www.evertype.com.*

Titlu originalu/*Original title*: Alice's Adventures in Wonderland.

Aestă apridutseari/*This translation* © 2015 Mariana Bara.
Aestă editsii/*This edition* © 2015 Michael Everson.

Prota editsii/*First edition* 2015.

Aestă carti easti tricută tu catastisi la British Library.
A catalogue record for this book is available from the British Library.

ISBN-10 1-78201-081-5
ISBN-13 978-1-78201-081-4

Typeset tu De Vinne Text, Mona Lisa, ENGRAVERS' ROMAN, sh *Liberty* di Michael Everson.
Typeset in De Vinne Text, Mona Lisa, ENGRAVERS' ROMAN, *and* Liberty *by* Michael Everson.

Caduri/*Illustrations*: John Tenniel, 1865.

Căpaki/*Cover*: Michael Everson.

Tipusită di/*Printed by* LightningSource.

Protu zboru

Cumu s'nu ti hãrseascã aestã carti tsi ari hãrsitã ahãntea bãrni di njits, tu tutã dunjaua! Tora u avemu ti prota oarã tu limba armãneascã. Limba nã easti arhundã sh axi ti apridutseri, ti atsea va s'aflats aua, tu patimatli ali Alice, unã pirifanã dizvãrteari, unã bunã furnjii ti anvitsari, ama sh ti adutseari aminti zboarã di zãmani.

Alice, unã fiticã di shapti anj, cunoashti psãnu lumea di anvãrliga sh ma multu ditu muabetsli fapti cu sotslji ditu carti: unu ljepuru, una cãtushi icã matsã, una broascã cu casã. Ea lj tinjiseashti, lã azburashti prãxitã, fronimã, mintimenã.

Autorlu easti genialu Lewis Carroll (1832–1898), tsi ari anvitsatã Oxford, deapoa fu profesoru Oxford di matematicã sh di logicã, unlu di atselji di prota cãdrãgeadz di portreti tu Europã, nica ditu 1856. Ari alãsatã tsintsi albumi di caduri sh multi cãrtsã. *Alice tu Vãsilia ti Ciudii* easti naima cunuscuta.

Editsia di tora fu andreaptã ti yiurtia, tu 2015, a 150-loru anj di la prota tipuseari.

Hãristusescu aua a lingvistului Michael Everson ti agiutorlu tsi nj deadi, cã avu angãtanu textulu sh featsi copusu s'akicãseascã limba armãneascã.

Hãristusescu ditu inimã ali dadi, Elena Stere, ti multili ndriptãri sh urnimii ti limba armãneascã tsi u ngrãpsescu.

Mariana Bara
Bucureshti 2015

Foreword

How can anyone not enjoy this book, which has been a pleasure to so many generations of children the world over?

Now for the first time we have *Alice* in the Aromanian language. Aromanian, also known as Macedo-Romanian or Vlach, is an Eastern Romance language which shares many features with modern Romanian, though while Romanian has been influenced by the Slavic languages, Aromanian has been more influenced by Greek.

Our language is rich and fit for translation, and readers of Aromanian will find here, in Alice's adventures, a good opportunity for learning and recalling old words.

Alice, a little seven-year-old girl, has an imperfect knowledge of the surrounding world, and she augments and improves it through the dialogues she has with her friends in the book: a rabbit, a cat, a tortoise. She shows respect to them, speaks politely – she is well educated and on her way to becoming wise.

The author was the genius Lewis Carroll, whose real name was Charles Lutwidge Dodgson (1832–1898). He studied at Oxford, afterwards lecturing in mathematics and logic there.

He was one of the early portrait photographers in Europe, beginning in 1856. He left us five albums of photos and many books, *Alice's Adventures in Wonderland* being the best-known.

The present edition was prepared for the 2015 celebration of the 150th anniversary of the first publication of the book.

I thank here to the linguist and publisher Michael Everson for his precious help, for his care for the text, and for his effort to understand the Aromanian language.

I thank also from my heart to my mother, Elena Stere, for her corrections and counsel in the Aromanian language I am writing.

Mariana Bara
Bucharest 2015

Patimatli ali Alice
tu Vãsilia ti Ciudii

SUMARLU

Tuts tu atsea di malãmã mirindi oarã
Pi anarya aylisturamu;
Cãtse doauli lupãts, cu niheamã scupó,
Di njits bratsã suntu adunati,
Anda njits bratsã psãnu voru
S'nã ducã priimnari.

Ah, urute Trei! Tu ahtari oarã,
Sumu ahtari kiró ti anyisari,
Caftu unu pirmithu tsi adii lishoru
S'minã nai ma lishoara peanã!
Ama tsi poati mãrata boatsi s'aducã
Andicra di trei limbi deadunu?

Atsea di Prota arúcã focu anda greashti
Cu silã "ahurhea u":
Cama dultsi Deftura nãdii tradzi
"S'aibã glãrets di zboarã nuntru!"
Anda Treia u curma pirmithusearea
Tu cathi minutã 'nã oarã.

Dinãcali, tu ishia amintatã,
Dzãcu pi shicaie
Cumu s'minã fitica tu yisu tu vãsilia
Cu ciudii ayri sh nali,
Iu sh azburashti cu pulj sh cu prici –
Tsi li pistipseashti dealithea giumitati.

Sh anda pirmithusearea li sică
Aputsurli cu fărnuseri di dipu,
S'pidipsea nipututã s'umplã
Cu naima uidisitili zboarã,
"Alanti di vãrã oarã –" "Ama *vini* atsea oarã!"
Grescu botsli hãrsiti.

Ashi criscu pirmthlu ti Ciudii:
Cama peanarya, pearadã,
Li plãkisi tuti tsi s'au faptã –
Sh tora pirmthlu easti etimu,
Nã neamu acasã, paree hãrsitã,
Sum soarli tsi apuni.

Alice! Lo unu pirmithu ti njits,
Sh cu mãna imirã
Lu dipusi aclo iu s'andzimineadzã
Cu Thimiserli tu mistiryió,
Ca unã curunã di lilici ti atselu
Tsi u featsi calea tu locuri alargu.

Dighiosu tu Cohea a Ljepurlui

Alice avea acãtsatã ca baia s'cãpãiascã di anda shidea pi canapé, arada cu sor'sa, sh nu adra tsiva: ndoauã ori sh avea arcatã ocljilj tu cartea tsi u adyivãsea sora lj, ama nu avea caduri ni muabets tu aestã, "sh ti tsi easti unã carti," mindui Alice, "fãrã caduri ni muabets?"

Tora sh dsãtsea cu mintea (ashi cumu putea, cãtse di cãroari s'dukea ca tu somnu sh ca glarã), cã dimi avea kefi s'adarã unu bairu di margareti, putea s'facã pidimolu ta s'mutã mproastã sh s'arupã aesti lilici, anda truoarã unu Ljepuru Albu cu oclji pimbeanj lo di alãga pi ninga nãsã.

Aestã nu eara tsiva ahãtu *multu* ahoryea; nitsi Alice nu mindui cã easti *multu* paraxinu s'avdã Ljepurlu iu sh dzãtsea, "Oh lelé! Oh lelé! Va s'amãnu!" (anda s'mindui deapoa, lj pãru cã lipsea sã s'eara ciudusitã di aestã, ama tu atsea oarã tuti canda eara pi aradã); ama anda Ljepurlu dealithea *lo unã sihati ditu gepea di ileki*, sh u mutri sh deapoa s'ayunjisi s'fugã, Alice ansãri pi cicioari, cãtse lj tricu pitu minti cã nu avea canãoarã vidzutã unu Ljepuru s'aibã ileki sh nitsi sihati ta s'u ascoatã ditu gepi, shi, apreasã di perieryii, alãga pitu mesi di cãmpu dupu nãsu, cãndu lu veadi cumu ansari tu unã guvã largã di sumu gardu.

Tru oarã Alice dipusi dupu nãsu, sh nitsi unã minutã nu s'mindui cumu vrea s'inshea di aclo.

Guva iu intrã Ljepurlu dutsea ndreptu ca unu tunelu unã hopã, sh deapoa dipunea dinãcali nghiosu, ahãnta ayonjea cã Alice nu avu nitsi unã minutã ti minduiari s'dinãseascã, cã s'aflã iu cãdea tu unu putsu ahãndosu.

Icã aputslu eara multu ahãndosu, icã ea cãdzu multu pe-anarya, ama avu multu kiro aclo iu s'dutsea nghiosu ta s'mutreascã anvãrliga shi s'ciuduseascã tsi vrea u patã.

8

Prota, deadi s'mutreascã nghiosu ta s'akicãseascã iu vrea s'agiundzea, ama eara dipu scutidi ta s'veadã tsiva; deapoa mutri mãrdzinjlji a aputslui, sh bãgã oarã cã eara mplinj cu dulapi ti vasi sh cu dulapi ti cãrtsã: aua sh aclo vidzu cãrtsã ti geografii shi caduri aspindzurati di penuri. Dipusi unu ghiumiciu ditu unã dulapi aclo iu tritsea: pisuprã anyrãpsea "MARMELADÃ DI PURTICÃI", ama ti amãrtii eara golu: nu lj yinea s'arucã ghimicilu di fricã s'nu vatãmã vãrnu, ashi cã featsi tsi featsi shi lu bãgã tu unã dulapi pi ninga cari tritsea.

"Aide!" sh dzãsi Alice tu minti. "Dupu ahtari cãdeari ca aestã, prindi s'nu mi asparu anda va s'cadu pi scarã! Atselj di acasã va mi veadã multu gioanã! Ti tsi, nu va s'aspunu tsiva ti aestã, nitsi ma s'cadu di pi cipitlu di casã!" (Aestã eara ca dealithea.)

Nghiosu, nghiosu, nghiosu. Ama cãdearea *canãoarã* nu va s'dipiseascã? "Mi ciudusescu cãti njilji di meatri vahi amu cãdzutã pãnã tora?" dzãsi cu boatsi. "Prindi s'hiu tora iuva ninga njedzlu a loclui. Ia s'vedu: va s'dzãcã patru njilji di meatri nghiosu, pistipsescu –" (cãtse, videts, Alice avea anvitsatã ma multi ahtãri lucri la sculii, shi s'minduia cã aestã hopã nu eara *multu* uidisitã ta sh aspunã shtearea, cãtse vãrnã nu u asculta, ama tutu eara bunã furnjii ta sh'facã isapea) "– ie, adutsi cu aestã cali – ama mi ciudusescu tu tsi Latitudini icã Longitudini mi aflu?" (Alice nu sh ashtea tsi eara Latitudini nitsi Longitudini, ama pistipsea cã eara zboarã mãri shi mshati ti aspuneari.)

Tora ahuri diznãu. "Mi ciudusescu maca prindi s'cadu ndreptu *pitu* locu! Tsi hazi va s'hibã s'agiungu anamisa di milets tsi imnã cu caplu nghiosu! Au numa Antipats, nj pari –" (eara ca baia hãrsitã cã nu *avea* canu s'u avdã, tu aestã oarã, cãtse nu lj asuna ici uidisitu aestu zboru) "– ama prindi s'lj antrebu tsi numã ari vãsilia, avdzã. Rigeaie, kirauã, aua easti Noaua Zeelandã icã Avstralia?" (sh deadi

9

s'anclinã aclo iu azbura – pirifanã *nclinãciuni* anda cadz pitu aerã! Pistipseshtsã cã va pots s'u adari?) "Sh tsi glarecicã fiticã va s'dzãcã ea cã hiu di antrebu ahtari lucru! Nu, canãoarã nu fatsi s'antrebu: vahi va s'vedu iuva anyrãpsitu."

Nghiosu, nghiosu, nghiosu. Nu avea altu ti adrari, tora Alice diznãu ahurhi s'azburascã. "Astara Dina va lu acatsã dorlu multu, pistipsescu!" (Dina eara cãtusha.) "Tragu nãdii cã va s'aflã vãrã sã-lj lu da phiatlu cu lapti tu oara ti ceai. Dina, vruta mea! Cãtu vreamu s'earai aua dighiosu cu mini! Nu-ari shoarits tu aerã, nj pari, ama pots s'acats unã bushu-racã, sh u adutsi cu shoariclu, avdzã. Ama vahi cãtushili mãcã bushurãts?" Sh aua Alice ahurhi s'cadã tu somnu, sh dusi calea azburãndalui singurã, ca tu yisu, "Cãtushili mãcã bushurãts? Cãtushili mãcã bushurãts?" sh cãtivãrãoarã, "Bushurãtsli cãtushi mãcã?" cãtse dimi nu putea s'da apandisi ti nitsiunã, nu avea simasii cumu antriba. Duki cã durnjea dialithea, sh tamamu avea ahurhitã s'anyiseadzã cã taha aclo iu imna di mãnã cu Dina lj dzãtsea multu tinjisitã, "Tora, Dina, aspuni ndreptu: ai mãcatã vãrã bushuracã?" cãndu dinãcali, pam! pum! Agiumsi mpadi pi unu cuculiciu di lumãkitsi sh di frãndzã uscati, sh dinãsi di cãdeari.

Alice nu s'avea agudzitã ici shi ansãri mproastã tu minutã: mutri nsusu, ama eara kisã: dininti avea altã sucaki lungã shi Ljepurlu Albu s'videa ninga iu alãga ayunjisitu. Nu avea kiro trã kireari: Alice dusi ninti ca unu vimtu sh tamamu lu avdzã aclo iu shtsa calea, "Oh urecli nj shi mustãts, tsi amãnatu s'adrã!" A s'lu agungã anda shtsã calea, ama Ljepurlu nu mata s'videa: s'aflã tu unã salã lungã, apusã, iu arca fexi unu bairu di lambi aspindzurati di duvani.

Deanvãrliga di salã avea ushi, ama tuti cu cljeaia; sh di cara tricu pi dininti di tuti di unã parti sh di alantã, di cara deadi di tuti, Alice imnã anvirinatã pitu mesi, ciudusitã di cumu vrea s'ishea nafoarã di aua.

Dinãcali dusi ninga unã njicã measã cu trei cicioari, adratã di geami sãnãtoasã: nu-avea tsiva analtu, mashi unã njicã dishcljitoari di malãmã sh prota minduiari ali Alice fu cã vahi eara di la una di ushili ditu salã; ama, tsiva! icã cljeaia eara ahãtu mari, icã dishcljitoarea eara dipu njicã, ama cumu tsi s'hibã, canã ushi nu s'dishcljidea. Ama deftura oarã iu anvãrliga, agiumsi la unu pirdé apusu tsi prota nu lu avea vidzutã, sh dupu aestu avea unã ushicã di vãrã trei fãshcati: Alice deadi s'u disfacã cu njica dishcljitoari di malãmã sh multu lj si featsi kefea cã s'uidisea!

Alice dishcljisi usha sh vidzu cã dutsea tu unã cãlici, nu ma largã di unã guvã di shoaricu: s'dipusi pi dzãnuclji sh mutri aynangea naima mshata gãrdinã tsi puteai s'vedz vãrãoarã. Cãtu vrea s'iasã ditu aestã salã scutidoasã shi s'alagã anamisa di atseali parteri di lilici lumbrusiti sh di atseali arãts shopati, ama nu putu ntisi caplu sh'treacã pitu ushi; "shi s'poatã caplu s'treacã," s'mindui mãrata Alice, "nu-ari mari hãiri ma s'nu treacã pãltãrli. Oh, cãtu voiu s'mi adunu ca unu telescopu! Pistipsescu cã potu, mashi s'ashtiu cumu s'ahurhescu." Cãtse, vedz tini, ahãntea lucri nafoarã di aradã s'avea faptã tu kirolu ditu soni, cã Alice avea ahurhitã s'minduiascã cã dealithea mashi psãni lucri nu putea s'li facã.

Ti atsea nu prindea s'ashteaptã ninga ushicã, ashi cã dusi nãpoi la measã, cu giumitati nãdii cã vrea s'aflã sh altã dishcljitoari icã, cumu tsi s'hibã, unã carti cu exiyisi ti cumu potu oaminjlji sã s'adunã ca tsiva telescoapi: tora aflã unã botsã njicã ("siyura nu eara aua deanavra," dzãsi Alice) tsi avea ligatã anvãrliga di gushi unã carti iu nyrãpsea mshatu "BEA MI" cu yrami mãri.

Eara efcula s'dzãts "Bea mi," ama itra nijcã Alice nu vrea s'adra *aestã* pi ayunii. "Nu, va u mutrescu prota," dzãsi, "ta s'vedu desi dzãtsi *'fãrmacu'* icã nu"; cãtse avea adyivãsitã ndouã njits isturii cu ficiurits tsi arsirã, cari furã mãcats di prici shi alti lucri uruti, sh tuti cãtse nu *avea* tsãnutã minti atseali buni urnimii dati di sotsjli a loru: atsea cã unã mashi aroshi ditu focu va ti ardã ma s'u tsãnj multu tu mãnã; shi cã, ma s'tsã hrãxeshtsã dzeaditulu *ca baia* cu unu cãtsutu, va tsã curã sãndzã; ea nu avea agãrshitã ici cã ma s'bei multu ditu unã cunetã pi cari anyrãpseashti "fãrmacu", siyura va s'agiundzã pi altã minti di prota, ayonjea i amãnatu.

Ama, dimi pi aestã botsã *nu* anyrãpsea "fãrmacu", Alice s'arãki s'u gustã shi u duki multu nostimã (avea unã turlii di nustimadi misticatã di tartã cu cireashi, di pitã dultsi, di ananas, di misircã friptã, di bamboni shi di pãni cãlitã cu umtu), ti atsea u dipisi tu niheam'di oarã.

*   *   *   *
*   *   *
*   *   *   *

"Tsi ciudii!" dzãsi Alice; "Prindi s'adunu telescoplu."

Sh tamamu ashi fu: tora eara di mashi doauã fãshcati analtã sh cu prosuplu apresu di minduiarea cã tora avea tamamu boia uidisitã ta s'treacã pitu ushicã tu atsea gãrdinã mshatã. Ama prota ashtiptã pa' tsintsi minuti s'veadã desi vrea s'njicura nica ma multu: s'nãrãi niheamã ti aestã; "vahi va mi dipisescu, ca' shti," sh dzãsi Alice, "va mi tukescu tutã ca unã tsearã. Mi ciudusescu ca tsi va s'hiu atumtsea?" Sh lo sã s'minduiascã tsi turlii easti tseara apreasã di cara u suflji, ama nu putea s'thimiseascã desi avea vidzutã ahtari lucru.

Dupu niheamã oarã, di cara vidzu cã altu tsiva nu s'fãtsea, lo apofasi s'ducã truoarã tu gãrdinã; ama, cavai di mãrata Alice! anda agiumsi la ushi, duki cã avea agãrshitã njica dishcljitoari di malãmã, sh anda s'turnã la measã ti aestã, vidzu cã nu avea culái s'u agiungã: putea s'u veadã ndreptu pitu geami, sh acãtsã cumu putu sã s'angãrlimã pi unlu cicioru di measã, ama ankiushira; sh di cara armasi di pidimó, mãrata njicudzancã shidzu mpadi sh plãmsi.

"Aide, nu fatsi s'plãndzã ashi!" sh dzãsi Alice, cand s'fuvirsea; "ti urnipsescu s'ti dinãseshtsã tu aestã minutã!" S'urnipsea di aradã multu uidisitu (ama mashi cãtivãrãoarã sh'asculta urnimia), sh cara dãdea di s'vãryea multu sertã, lãcãrnjili lj cura ditu oclji; sh unã oarã thimisea cã vru sã sh batã urecljili cãtse u avea arãsã tu unu giocu di croket tsi lu giuca ea cu nãsã, cãtse eara unã fiticã ahoryea sh u arisea sã s'aspunã ca doauã insi. "Ama tora nu-ari hãiri," mindui mãrata Alice, "s'aspunu cã hiu doauã insi! Cãtse, easti zori cu tsi armasi di mini ta s'hiu *unã* insã tinjisitã!"

Dupu niheamã oarã sh arcã ocljilj pi unã njicã cutii di geami di sumu measã: u dischljisi sh aflã nuntru unã tartã njicã pi cari anyrãpsea multu mshatu cu yrami di coacãzi zboarãli "MÃCÃ MI". "Emu, va u mãcu," dzãsi Alice, "sh cara va mi adarã s'crescu mari, va s'potu s'agiungu la dishcljitoari; sh cara s'mi facã s'hirisescu, va mi higu pi sumu ushi; ashi cumu tsi s'hibã va s'intru tu gãrdinã sh nu nj astipseashti cumu va s'hibã!"

Ciuminã unã njicã mãschãturã shi sh dzãsi cu fricã, "Cumu va s'hibã? Cumu va s'hibã?" cu mãna analtu pi creashticu ta s'dukeascã desi crishtea icã hirisea; sh multu s'ciudusi cã armãnea isa. Siyura, di aradã ashi s'fatsi anda mãts unã tartã; ama Alice ahãnta multu s'avea anvitsatã cã mashi lucri ti ciudii s'fãtsea deanvãrliga, cã s'pãrea di dipu glãrescu sh kirutu lucru ca bana s'hibã di aradã.

Ashi cã s'ashtirnu pi lucru sh multu ayonjea u dipisi tarta.

* * * *
* * *
* * * *

Caplu II

Balta di Lãcãrnji

"Ciudiitã di ciudiitã!" aurlã Alice (ahãtu ciudusitã eara, cã tu oara atsea avea dipu agãrshitã cumu s'azburascã unã bunã inglezã). "Tora dishcljidu naima marli telescopu di tutã eta! Oarã bunã, cicioari!" (cãtse anda sh arcã ocljilj pi cicioari, lj si pãrurã dusi aynangea, ahãnta alargu avea agiumtã). "Oh, mãratili ciciuritsi a meali, mi ciudusescu cari va vã bagã pãputsãli sh pãrpodzli tora, vrutili a meali? Siyura *io* nu-ari s'potu! Va s'hiu multu alargu ta s'potu s'yinu la voi: prindi s'vã cumãndusits singuri – ama lipseashti s'hiu bunã cu eali," s'mindui Alice, "ma s'nu, vahi nu va s'imnã aclo iu voiu s'negu! S'videmu. Va lã dau unã preaclji noauã di pudimati ti cathi Cãrciunu."

Shi s'dusi ninti cu planlu ti cumu prindea s'ulu cumãnduseascã lucurlu. "Voru pitritseari pi cãrvãnaru," s'mindui; "tsi lucru ti hazi, s'lã pitrets pishkesi a cicioarloru a tali! Sh ca tsi urnipseri paraxini voru dari!

Kir Ciciorlu Ndreptu ali Alice,
Kilimea di ninga Vatră,
ninga Mardzină,
(cu vreari, di la Alice).

Oh le-lé, tsi kirături dzăcu!"

Tamamu tu aestă minută s'agudi cu caplu di duvanea di salā: dealithea tora eara ma analtă di noauă coati, sh dinăcali lo njica dishcljitoari di malămă shi s'aurlă cătă usha di gărdină.

Mărata Alice! Mashi ahănta putu s'adară, de-amplatea pi una parti, ta s'mutrească tu gărdină pitu ushi, cu unlu oclju; ama ta s'treacă pitu aestă nu avea ici nădii: shidzu mpadi sh diznău ahurhi s'plăngă.

"Arshini s'tsă hibă," dzăsi Alice, "una fiticā mari ca tini," (putea s'u dzăcă aestă), "s'plăngă ashitsi! Dinăsea tu minută, tsă dzăcu!" Ama plăndzea ca ma ninti, virsa cuvadz di lăcărnji, di s'featsi una mari baltă deanvărliga, di vără palmă ahăndoasă, tăshi pănă tu mesea di salā.

Dupu niheamă oară avdză tropati di cicioari tsi imna iuva alargu shi s'ayunjisi di sh uscă ocljilj ta s'veadă tsi yinea. Eara

Ljepurlu Albu iu s'turna, alăxitu armătusitu, cu unã prealcji di mănushi albi di ficiuricu tu una mănă sh tu alantă cu unu evantaiu mari: yinea truputindalui multu ayunjisitu, sh ciucura aclo iu imna, "Oh! Dukesa, Dukesa! Oh! *No-a* s'ayreadzã ma s'u alasu s'mi ashteaptã!" Alice s'duki ahãnta desperată cã eara etimã s'caftã agiutoru di la cari s'hibã: ti atsea ahurhi, anda Ljepurlu vini ninga ea, cu boatsi apusă, andirsită, "Ti plăcărsescu, Kire –" Ljepurlu ansări ca zurlu, arcã mpadi mănushili albi di ficiuricu cu evantaiulu, sh s'freadzi tu kisã cu tutã putearea.

Alice mutã evantailu cu mãnushili, shi, dimi tu salã eara mari cãldurã, s'avra cu evantailu dipriunã azburãndalui. "Lé-le, lé-le! Ti ciudii suntu tuti azã! Sh aseara lucãrli eara di aradã. Naca fuiu alãxitã cu altã insã asarnoaptea? S'mi minduescu: *earam* idyea anda mi asculaiu di tahina? Nj yini s'dzãcu cã nu thimisescu s'mi dukeamu sh niheamã altã turlii. Ama cara s'nu hiu idyea, yini ntribarea, 'Cari hiu io tu dunjeauã?' Ah, *aestã easti* marea ciushuiari!" Shi ahurhi s'minduiascã la tuts ficiuratslji tsi cunushtea sh tsi eara di idyea ilikii cu ea, ta s'veadã desi putea s'fu alãxitã cu vãrã di aeshtsã.

"Siyura nu hiu Ada," dzãsi, "cãtse ea ari perlu ashi lungu, neal-neali, ama a meu nu-ari ici neali; sh siyura nu po' s'hiu Mabel, cãtse shiu multi turlii di lucri, ama ea, oh, ea shtii mashi dipu niheamã di tuti! Nica tsiva, *ea easti* ea, ama *io hiu* io, shi – oh le-le, tsi ciushuiari tuti aesti! S'vedu desi shtiu tuti lucãrli tsi shteamu. S'videmu: patru ori tsintsi facu dosprã, shi patru ori shasi facu tresprã, shi patru ori shapti facu – oh le-le! Canãoarã nu 'a s'agiungu la yinghits ashi! Cumu tsi s'hibã, Tabla ti Multsari nu-ari simasii: s'vedu Geografia. Londra easti capitala a Parislui, iara Parislu easti capitala ti Roma, shi Roma – nu, *easti* tutu alutusitu, hiu siyura! Vahi mi alãxirã cu Mabel! S'acatsu s'dzãcu 'Cumu adra njiclu –'," shi sh'adunã mãnjli m poalã canda dzãtsea tsi anvitsã la sculii, ahurhidalui s'difturuseascã, ama boatsea s'avdza vrãhnisitã sh ca xeanã, iara zboarãli nu yinea cumu sh avea arada: –

> "*Cumu adra njiclu crocodilu*
> *Di sh mushutsa coada anyilicioasã,*
> *Anda turna apã ascoasã ditu Nilu*
> *Pi skinarea lj di malãmã!*

"Tsi hăriosu lo di sumarădea,
Cătu pirifanu disfeatsi deadzitli,
Sh lă gri a piscuciloru s'yină,
Cu sumarăsu tu făltsă!"

"Siyura aesti nu suntu zboarăli uidisiti," dzăsi mărata
Alice, iara ocljilj lj si umplură diznău di lăcărnji anda dzăsi
că, "prindi s'hiu Mabel s'veadi, sh va s'bănedzu di aua sh
ninti tu aestă căsică strimtă, fără giucăreali ti agiucari, sh
oh, nitsi cu luyurii ti anvitsari! Nu, hiu apufusită: cara s'hiu
Mabel, va shedu aua dighiosu! Nu ari s'aibă ti tsi năshi
s'apleacă aua shi s'dzăcă 'Yina nsusu, lea!' Va mashi
s'mutrescu nsusu shi s'dzăcu 'Ama cari hiu io? Dzătsets nji
aestă prota, sh deapoa, ma s'mi arisească s'hiu atsea insă, va
s'yinu analtu: macă nu, va s'armănu aua dighiosu pănă s'hiu
altu vără' – ama, le-le!" gri cu boatsi Alice, sh dinăcali lj
ankisiră lăcărnjili, "io voiu *să sh higă* capitli aua dighiosu!
Cătu mi curmaiu di anda shedu singură aua!"

Aclo iu dzătsea aesti zboară mutri nghiosu cătă mănj sh fu
ciudusită anda vidzu că sh avea băgată ună di albili mănushi
njits ti ficiurits a Ljepurlui anda azbura. "Cumu di *putuiu*
s'adaru ahtari lucru?" s'minduia. "Vahi hirisescu diznău."
S'asculă sh dusi cătă measă ta să s'misură ninga ea sh vidzu,
cătu putu s'dukească cu scupolu, că tora eara analtă vără
doauă coati, sh că hirisea ayonjea: dupu niheamă vidzu că
itia eara evantailu tsi lu tsănea tu mănă, sh ti atsea lu arcă
mpadi truoară, tamamu tu kiro ta s'dinăsească hirisearea di
dipu.

"Ascăpaiu pi hiru *aestă oară*!" dzăsi Alice, ca baia
aspăreată di alăxearea di napandica, ama multu hărsită că
nica bănă. "Sh tora tu gărdină!" Lo s'alagă cushia năpoi cătă
ushică; ama, ti amărtii! Ushica eara ncljisă diznău, sh nijca
dishcljitoari di malămă shidea pi measa di geami, ca ma
ninti, "sh lucărli s'asparsiră di dipu," minduia mărata fitică,

"cãtse puté nu fuiu ashi njicã pãnã tora, puté! Vedu cã easti di dipu slabu lucru, aestã easti!"

Aclo iu li dzãtsea aesti zboarã, ciciorlu lj fudzi sh tu alantã minutã, pliup! eara pãn' di grunju tu apa 'nsãratã. Prota minduiari fu cã vãrã turlii avea cãdzutã tu amari, "sh tora po' s'mi tornu cu trenlu," sh dzãsi tu minti. (Alice s'avea dusã mardzina di amari unã oarã tu banã sh avea agiumtã s'pistipseascã cã, itsi iu va nidzeai mardzina di amari tu Anglii, va s'aflai niscãnti makini ti ascãldari tu amari, niscãntsã ficiurits sãpãndalui tu arinã cu lupãts di lemnu, deapoa unu baiuru di casi ti oaspits, sh dinãpoia a loru statsia ti trenu.) Ama tora unãshunã duki cã eara tu balta di lãcãrnji tsi lj avea curatã anda eara di noauã coati.

"Ma ghini s'nu-aveamu plãmtã ahãnta!" dzãsi Alice, aclo iu anuta, cãftãndului calea ta s'iasã. "Ti alatusea tsi adraiu, nj pari cã va mi anecu tu lãcãrnjili a meali! Ciudiosu lucru, siyura! Cãtu ciudioasi suntu tuti azã."

Tamamu atumtsea avdzã cumu tsiva cãdea tu baltã iuva ma nclo sh anutã cama aproapea ta s'veadã tsi eara: s'mindui prota cã vrea s'eara unã morsã icã unu hipopotamu, ama di

cara sh adusi aminti tsi njicã eara tora, unãshunã duki cã
eara mashi unu shoaricu tsi avea ankiushiratã tu baltã cata
cumu sh ea.

"Va s'aibã tora vãrã hãiri," s'mindui Alice, "s'azburãscu cu
aestu shoaricu? Tuti suntu ashi cicãrdãsiti aua, cã prindi
s'pistipsescu cã poa' s'azburascã: cumu tsi s'hibã, nu aspar-
dzi s'videmu." Ashi cã ahurhi: "O lãi Shoaricu, shtii tini pri
iu s'iasi ditu baltã? Mi curmaiu multu di anda anotu pri aua,
O lãi Shoaricu!" (Alice minduia cã ashi easti uidisitu
s'azburascã cu shoariclu: puté nu-avea adratã ahtari lucru
ninti, ama thimisi cã avea vidzutã tu cartea a frati-sui di
gramaticã latinã, "Unu shoaricu – a unui shoaricu – ti unu
shoaricu – unu shoaricu – O lãi shoaricu!" Shoariclu u mutri
canda u ntriba shi s'pãru cã taha lj featsi cu ocljulu, ama nu
gri ici.

"Vahi nu akicãseashti armãneashti," sh dzãsi Alice; "nj
pari s'hibã unu shoaricu frãntsescu, vinitu tu kirolu a
polimlui." (Cãtse, cu cãtu shtea di isturii, Alice nu para avea
hãrbari cãtu kiro avea tricutã di atumtsea.) Ashi cã pali
ahurhi: "Où est ma chatte?", aestã eara tu prota frãndzã ditu
cartea di limbã frãntseascã. Shoariclu ansãri avrapa ditu
apã, sh canda lj trimbura mãrsha di lãhtari. "Oh, s'mi
ljertsã!" gri Alice ayonjea, s'nu tsiva di s'cãrtea mãratlu
shoaricu. "Mi agãrshiiu di dipu cã nu ti arisescu cãtushili."

"Nu strãxescu cãtushili!" azghili Shoariclu, cu boatsi
tsiuratã, cu ahti. "*Tini* va li vreai cãtushili ma s'earai tu loclu
a meu?"

"Emu, vahi nu," dzãsi Alice ca matsã udã: "nu ti cãrtea ti
aestã. Ama cãtu vreamu s'u cunoshteai cãtusha a mea Dina:
Pistipsescu cã va tsã lja hari tuti cãtushili mashi cara s'u
vedz. Easti ahãta vluisitã shi scumpã," dzãsi iara Alice,
canda mashi ti ea, aclo iu anuta peanarya tu baltã, "shadi
ninga focu sh toartsi isihã, sh alindzi cicioarli shi s'la tu fatsã
– sh easti ahãtu moali s'u hãidipseshtsã – sh easti ahãtu axi

ta s'acatsã shoarits – oh, ljartã mi!" s'apreadunã Alice
diznãu, cãtse Shoariclu s'avea ampirushatã, sh tora ea duki
salami cã a lui lj avea kicatã. "Nu-ari s'azburãmu ici di ea di
aua sh ninti ma s'nu vrei tini."
    "Noi, dealithea!" tsiurã Shoariclu, cari trimbura pãnã tu
cipita di coadã. "Canda *io* vrea s'azburamu ti ahtari lucru!
Soia a noastã di daima *nu vrea s'avdã* ti cãtushi: anapudi,
vombiri, varvari! S'nu lã avdu numa altã oarã!"
    "Nu-ari s'u dzãcu!" gri Alice, multu ayunjisitã ta s'alãxea-
scã muabetea. "Ama – tsã au hari – atselji – cãnjlji?" Shoa-
riclu nu lj turnã zboru, sh Alice dzãsi arãkitã: "Ari unu
cãtsãlacu multu mushuticu ninga casa a noastã, cã voiu s'ulu
vedz! Easti un terieru cu oclji angilicioshi, avdzã tini, oh, cu
perlu morcu, lungu sh neali! Adutsi lucãrli anda li aruts,
shadi pi coadã sh tsã caftã mãcari, sh multi alti adarã – nu
po' s'nj aducu aminti nitsi giumitãts di eali – nicukirlu a lui
easti unu huryeatu, avdzã tini, cari spuni cã ari multu
dyeafuru di elu, fatsi unã sutã di liri! Dzãtsi cã vatãmã tuts
guzganjli shi – oh le-le!" gri Alice cu boatsi anvirinatã, "nj
pari cã iara lu agudiiu!" Cãtse Shoariclu anuta tora cu tutã
ahtea cãtu cama alargu di nãsã, sh aclo iu fudzea, u siisi tutã
balta.

Ea acãtsã sã lj greascã tora cu boatsi vluyisitã, "Vrute Shoaricu! Toarnã ti nãpoi, sh nu ari s'azburãmu nitsi ti cãtushi, nitsi ti cãnj, ma nu tsã au hari!" Anda u avdzã, Shoariclu s'ashtsã sh lo s'anoatã preayalea cãtã ea: eara astãljeatu tu fatsã (di inati, s'mindui Alice), sh dzãsi, cu boatsea trimburatã, peanarya, "Ai s'inshimu pi mealu, sh atumtsea va tsã aspunu patimatli a meali, sh va s'akicãseshtsã ti tsi lã amu inati a cãtushiloru sh a cãnjloru."

Vini oara s'iasã, dimi tora tu baltã avea mirmiru di pulj sh di priciuri tsi avea cãdzutã nuntru: unã Papcã cu unu Pulju Dodo, unu Papayalu cu unu Urnjitsu, sh multi alti ti ciudii. Alice dishcljisi calea, sh tutã pareea anuta tora cãtã mealu.

Caplu III

Una Cursa di Tababii sh una Isturii Lunga

'avea adunată dealithea pi mealu unã paree ti hazi –
pulj cu peanili dizbărnati, priciurli cu kiurcuri acătsati
apridunati, sh di tuts kica apă, anvârlisits, fărã uidii.

Prota ntribari fu cumu s'axifuneadzã tora, ta s'usucă dea-
poa: sh azbura unu alantu ti aestã sh dupu pa'tsintsi minuti
fu arada ali Alice sã s'află tu zboru cu nãshi, canda lj
cunushtea di tutã eta. Dealithea, avu mari ncăciturã cu
Papayalu, cari tu soni kicusi sh dzãsi mashi, "hiu ma mari di
tini shi shtiu cama ghini." Ama Alice nu astrãxi aestã, cãtse
nu shtea di cãts anj eara nãsu, sh dimi Papayalu nu vru ici
sã spunã di cãts anj eara, nu armasi altu tsiva ti adrari.

Tu soni Shoariclu, tsi s'videa unu insu cu aumbrã anamisa
di nãshi, gri "Shidets mpadi tuts sh ascultats-mi! *Io* va vã
usucu cãtu lipseashti!" Tuts shidzurã mpadi unãshunã, ca
unu bairu deanvãrliga di Shoaricu. Alice lj mutrea
stinuhursitã, cãtse shtea cã vrea-lj intra arcoarea ma s'nu
s'usca ayonjea.

"Hem!" dzăsi Shoariclu cu măreatsă. "Etinj hits? Aestu easti nai ma uscatlu lucru tsi lu shtiu. Astupats-u tuts, vă plăcărsescu! 'Wilhelm Anikisitorlu, a curi idée u andrupa Papa, tu shcurtu kiro fu surpatu di inglezi, cari vrea capidanj, sh di multu eara anvitsats cu surpărli sh cu acătsărli. Edwin cu Morcar, nobili di Mercia sh di Northumbria –'"

"O-ii!" dzăsi Papayalu, ca hivritu.

"Ljartă-mi, tsi fu aestă?" dzăsi Shoariclu, niurosu, ama pulitipsitu: "Grishi tsiva?"

"Io nu!" dzăsi Papayalu, ayunjisitu.

"Nj păru că grishi," dzăsi Shoariclu. "Ninti! 'Edwin cu Morcar, nobili di Mercia sh di Northumbria, dzăsiră ti năsu; ama shi Stigand, ipiscoplu patriotu di Canterbury, lu află cu cali –'"

"*Tsi* afla?" gri Papca.

"*Lu* află," apăndăsi Shoariclu ca prămpusitu: "siyura shtii tsi easti 'lu'."

"Shtiu tsi 'lu' va s'dzăcă, anda *io* aflu unu lucru," dzăsi Papca: "di aradă unu broaticu, ică unu yermu. Ama tsi află ipiscoplu?"

Shoarclu nu u lo ti tamamu ntribarea, ama s'ayunjisi ninti,"'– aflu mintimenu s'neagă cu Edgar Atheling ta s'adună cu Wilhelm shi să lj da curuna. Wilhelm prota avu bunu. Ama Normannjli a lui eara znjeartsă –' Cumu hii tora, tini Alice?" dzăsi deapoa cătă Alice, aclo iu azbura.

"Ma udă ca vărăoară," dzăsi Alice anvirinată: "nu pari s'mi axifuneadză ici."

"Maca ashi," dzăsi Dodo măritu, iu shidea pi unlu cicioru, "voiu s'u băgămu altă dzuuă adunarea, ta s'aprukemu fără di altă căbuli ma uidisiti –"

"Azbura armăneashti!" dzăsi Urnjitslu. "Io nu shtiu noima a giumitati di aesti zboară lundză sh, ma multu, nitsi nu ti

25

pistipsescu!" Sh Urnjitslu sh aplică caplu ta s'ascundă sumarăslu: niscăntsă di alantsă pulj băndurară cu boatsi.

"Tsi dzătseamu," dzăsi Dodo tsi avea dukită că fu loatu azvarna, "nai ma bunu ti axifunari easti s'*alăgămu* deadunu tăbăbii."

"Tsi *easti* cursa di tăbăbii?" dzăsi Alice; nu că vrea multu s'ashtibă, ama Dodo s'avea dinăsită canda lipsea s'azburască *vără*, ama altu vără nu grea tsiva.

"Ti tsi," dzăsi Dodo, "ma bună di exiyisi easti adrarea." (Sh ashi cumu va ti arisea s'vedz singuru, vără dzuuă di iarnă, va tsă dzăcu cumu u cumăndusi Dodo.)

Prota featsi ună aradă, ca unu arăhoatăru ("ca tsi eara nu-ari simasii," dzăsiră), sh deapoa tută pareea sh acătsă locu, cathiunu aua sh aclo. Nu fu "Ună, doauă, trei, sh startu!" ama acătsară s'alagă căndu vrea cathiunu, sh dinăsea anda vrea, ashi că nu fu efcula s'dukească tsi minută s'dipisi cursa. Ama, di cara alăgară disă di oară ică anvărliga, shi s'axifunară diznău, atumtsea Dodo gri di napandica "Cursa s'dipisi!", sh tuts s'adunară anvărliga di năsu, azgrumats di alăgari sh antribară, "Ama cari amintă?"

Dodo nu putu s'da apandisi shi s'mindui ca baia, tricu multu kiro sh elu tutu cu unu deadzitu tu frămti (idyea ca Shakespeare, tu caduri), iara alantsă adăsta fără s'grească. Tu soni Dodo gri, "*Cathiunu* amintă sh *tuts* va s'aibă pishkesi."

"Ama cari va li da pishkesili?" antribă ună tăbăbii di bots.

"Ti tsi, *ea*, dimi," featsi Dodo cu deadzitlu cătă Alice sh tută pareea dinăcali ahurhi deanvărliga s'grească di s'adră mintitură, "Pishkesi! Pishkesi!"

Alice nu shi shtea tsi s'adară, sh băgă măna n gepi ca anvărlă, di iu ascoasi ună cutii di imishi tu zahari, (ti harauă că nu avea intrată nuntru apa tsea nsărata), shi lj kirnisi cu eali ca pishkesi. Agiundzea isa căti ună ti cathi unu.

"Ama prindi s'aibă ună pishkesi sh năsă," dzăsi Shoariclu.

"Siyura," lj u turnã Dodo cu boatsi groasã. "Tsi altu ai tu gepi?" dzãsi cãtã Alice.

"Mashi unã dihtilidã," dzãsi Alice mãrãnghisitã.

"Bagã u aua," dzãsi Dodo.

Atumtsea tuts s'arumbuirã anvãrliga di ea nica unã oarã, iara Dodo featsi ninti dihtilida cu mãreatsã sh dzãsi "Ti plãcãrsimu s'aproki aestã pirifanã dihtilidã"; sh anda dipisi zborlu shcurtu, tuts grea cu harauã.

Alice s'mindui cã tuti eara absurdi, ama nãshi tuts shidea ahãtu froninj, cã nu avu anacrã s'arãdã; dimi nu putea s'minduiascã ti tsiva ta s'aspunã, s'ancljinã sh lo dihtilida cãtu putu cama tinjisitã.

Alantu lucru eara s'li mãcã imishili tu zahari: di aua inshirã halati sh mintituri, cãtse mãrlji pulj grirã cã nãsh nu putea s'li gustã, iara a njitslor lã si acãtsã sh prindea s'ãlj

27

batã tu pãltãri. E, deapoa s'dipisi sh diznãu shidzurã di anvãrliga, sh plãcãrsea Shoariclu s'lã dzãcã ninti.

"Nj aveai tãxitã unã isturii, avdzã tini," dzãsi Alice, "sh cãtse nu lj vrei C–Ã–N–L–I cu C–Ã–T–U–S–H–A," adãvgã pi anarya, ca baia aspãreatã s'nu lj surpã diznãu tinjilja.

"Isturiia a mea easti lungã shi nvirinatã!" s'turnã Shoariclu cãtã Alice sh uhtã.

"*Easti* unã coadã lungã, siyura," dzãsi Alice, mutrindalui mpadi cu ciudii coada a Shoariclui; "ama cãtse dzãts cã easti nvirinatã?" Sh tutu s'ciudusea tu oara anda Shoariclu azbura, ashi cã ideea a leji ti cumu eara coada aspunea ashi:
–

"Ljipurarlu dzãsi
    a shoariclui, Tsi
        lu-aflã tu unã
            casã, 'Hai
                doilji dedunu
                    la giudicu:
                        Io va ti cri-
                            sescu *tini*. –
                        Ai, nu va's
                    aprokiu s'nu
                vrei: Prindi
            s'avemu
        crisi;
    Cãtse tora
tahina
nu-amu
tsiva
s'adaru.'
    Dzãsi
        shoariclu
            aclo,
                'Ahtari
                    crisi, o
                        kire, Fãrã
                            giudicu
                                ni giudicó,
                                    vi hibã
                                        kirea-
                                    ri di
                                adiljeatu.'
                            'S'hiu io
                        giudicu,
                    S'hiu
                giudicó,'
            gri
        itrulu
            vombiru
                aushu
                    Ljipu-
                        raru:
                            'Va s'
                                vedu
                                    tutã
                                        ntreaga
                                    itii,
                                sh va
                            ti
                        dau
                    ti
                moarti.'

"Nu hii cu mintea aua!" u ancãce Shoariclu Alice. "La tsi
mindueshtsã?"

"Ljeartã-mi," dzãsi Alice ca baia aplicatã: "agumseshi la tsintsirlu cotu, pistipsescu?"

"Va mi necu!" gri Shoariclu, pi mutata sh multu cãrtitu.

"Un nodu!" gri Alice mutrindalui ciushuitã anvãrliga, cãtse ea daima vrea s'agiutã. "Oh, alasã-mi s'ti agiutu s'ulu disfats!"

"Nu va s'adaru tsiva ahtari," gri Shoariclu, di cara s'mutã shi fudzi ma nclo. "Mi agudishi cu ahtari zboarã kiruti!"

"Nu vreamu s'dzãcu aestã!" angricã mãrata Alice. "Ama tini ayonjea ti cãrteshtsã, avdzã tini!"

Shoarclu mashi angãrnji ti apandisi.

"Ti plãcãrescu toarnã-ti sh dipisea-ts pirmithlu!" lj gri Alice. Sh alantsã tuts adãvgarã deadunu, "Ie, ti plãcãrsimu!" Ama Shoariclu mashi deadi caplu ayunjisitu shi siisitu sh lo perlji.

"Amãrtii cã nu armãni!" uhtã Papayalu, di cara nu mata lu vidzu. Shi unu Crabu aushu cu aestã furnjii dzãsi a hilji-sui "Ah, vrute! S'ljeai urnimii ca puté s'nu ti acatsã inatea!"

"Angãtanu tsi greshtsã, Fende!" dzãsi njiclu Crab, niheamã ncucutatu. "Tini pots s'creki unã stridii!"

"Cãtu vreamu s'eara Dina aua, shtiu cãtu vreamu!" dzãsi Alice cu boatsi, canda cãtã tuts, ama cãtã vãrã. "Ea va lu-aducã truoarã nãpoi!"

"Sh cari easti Dina, ma s'potu s'antrebu?" dzãsi Papayalu.

Alice apãndisi tu minutã, cãtse daima eara etimã s'azburascã ti cãtusha a ljei: "Dina easti cãtusha a noastã. Ahãta masturã ti acãtsari shoarits, tsi nu pots s'pistipsheshtsã! Oh, cãtu vreamu s'u videai cumu alagã dupu pulji! Mãcã unu pulju mash cu mutrita!"

Zborlu aestu adusi lãhtari tu paree. Niscãntsã di pulji alãgarã tu oarã: unã Haracaxã moashi ahurhi s'apreadunã tu arki multu pishkinã sh dzãsi, "Dealithea cã va s'fugu acasã; arcoarea di noaptea nu s'astrãxeashti, nj u da tu grumadzu!" Sh unu Canaru sh gri cu boatsi trimburatã taifa,

"Yinits aua, vrutslji a mei! S'featsi amǎnatu sh va s'vǎ
bǎgats!" Cu ahtǎri pretexti tuts sh loarǎ zverca, iara Alice
armasi singurǎ ti niheamǎ di oarǎ.

"S'nu u aveamu adusǎ aminti Dina!" sh dzǎsi tu minti
anvirinatǎ. "Vǎrnu nu pari s'u va, preaua, sh siyura easti nai
ma buna cǎtushi ditu dunjauǎ! Oh, vruta mea Dina! Ca' shti
ma s'ti vedu altǎ oarǎ!" Sh aua mǎrata Alice bǎgǎ pali botsli,
cǎtse s'dukea multu singurǎ sh surpatǎ. Ama tu niheam' di
oarǎ, diznǎu avdzǎ vrondu di cioari iuva alargu, sh mutri
nsusu siisitǎ, cu giumta' di nǎdii cǎ Shoariclu vahi u alǎxi
mintea shi vahi s'turna sǎ sh-u dipiseascǎ isturia.

CAPLU IV

Ljepurlu Pitreatsi
unã Njicã Sãhãriki

*E*ara Ljepurlu Albu, truputindalui preayalea nãpoi sh mutrindalui aspãreatu deanvãrliga cumu yinea, canda avea kirutã tsiva, sh lu avdzã cumu sh azbura "Dukesa! Dukesa! Oh vrutili a meali cioari! Oh kiurculu sh mustãtsli a meali! Va mi vatãmã, ti nãsã zborlu easti zboru! Iu putuiu s'li keru, mi ciudusescu?" Alice duki tu minutã cã elu cãfta evantailu shi preacljea di mãnushi albi ti ficiurits, sh vluisitã cumu eara ahurhi s'li caftã, ama nu li avea iuva ta s'li veadã – tuti canda s'avea alãxitã di anda ea avea anutã tu baltã, sh marea salã cu measa di geami shi ushica nu li avea tora iuva.

Multu ayonjea Ljepurlu u vidzu Alice, aclo iu imna cãftãndalui shi lj gri cãrtitu, "Tini, Mary Ann, tsi *adari* aua? Fudz acasã tora sh adu-nj unã preaclji di mãnushi shi unu evantaiu! Avrapa!" Sh Alice ahãtu eara aspãreatã cã lo s'alagã truoarã cata iu aspunea elu, fãrã s'da exiyisi ti alatusea a lui.

"Dzãsi cã hiu huzmikeara a lui," sh dzãsi ea anda alãga. "Tsi ciudusitu va s'armãnã anda va s'aflã cari hiu! Ama cama ghini s'lj aducu evantailu cu mãnushili – ama, cara s'potu s'li aflu." Aclo iu dzãtsea aesti, agiumsi ninga unã cãsicã kiskinã, iu la ushi anghilicea unã ploaci di tiniké cu numa "W. LJEPURU". Dusi nuntru fãrã s'ciucuteascã, shi s'aurlã analtu, cu mari fricã s'nu s'andãmãseascã cu atsea Mary Ann, cari va u avina nafoarã di casã ninti s'li aflã evantailu cu mãnushili.

"Tsi lucru ti ciudii," sh dzãsi Alice, "s'nedz ursitu di unu Ljepuru! Minduescu cã Dina va mi pitreacã sh nãsã iuva!" Shi ahurhi s'veadã cu mintea turlia di lucru tsi vrea s'fãtsea: "'Kiralinã Alice! Yina aua ndreptu sh andreadzi-ti ti priimnari!' 'Tu minutã va agiungu, sorã! Ama va s'mutrescu aestã guvã di shoaricu pãnã va s'toarnã Dina shi s'vedu s'nu tsiva di iasi shoariclu.' Mashi cã nu minduescu," dzãsi pali Alice, "cã alantsã va u alasã Dina s'armãnã ncasã ma s'ahurheascã s'urseascâ oaminjlji!"

Tu aestu kiro, u avea aflatã calea cãtã unu udiciu nãscãrsitu, cu unã measã sumu geami, sh analtu pi ea (ashi cumu avea adãstatã) unu evantaiu sh vãrã doauã trei preclji di mãnushitsi albi ti ficiurits: lo evantailu sh unã preaclji di mãnushi, sh tamamu vrea s'iasã ditu udã, cãndu lj cãdzurã ocljilj pi unã cunitici tsi shidea arada cu yilia-ti-mãreari. Tora nu anyrãpsea zboarãli "BEA MI", ama ea tutu u scoasi stupuma sh u dusi botsa la gurã. "Shtiu cã va s'facã tsiva interesantu," sh dzãsi tu minti, "cã va s'beau icã va s'mãcu tsiva, ashi cã va s'vedu tsi adarã cuneta aestã. Adastu s'mi facã s'crescu pali, cãtse dealithea cãpãiiu cã di baia kiro hiu ahãnta njicã!"

Dealithea ashi s'featsi, sh multu ma ayonjea di cãtu ashtipta: ninga ninti ta s'u bea disa di botsã, duki cumu caplu pindzea di duvani, sh prindea s'apleacã ta nu tsiva di sh frãndzea gusha. Avrapa alãsã mpadi cuneta sh dzãsi cu mintea "Duri tora – amu nădii că nu-a s'crescu nica – Tora ca tora, nu potu s'iesu pitu ushi – Dealihtea nu lipsea s'beamu ahănta!"

Ca vai di ea! Eara mutu amănatu ti aestă nădii! Tutu crishtea sh crishtea sh multu ayonjea lipsi s'dipună pi dzănuclji mpadi: tu alantă minută nu mata avea ici locu, sh lo ta s'tindă mpadi cu unlu cotu andrupătu di ushi, sh cu alantu bratsu adusu pisti capu. Ama tutu crishtea, sh tu soni ascoasi unlu bratsu pitu geami sh unlu cicioru analtu pitu ugeacu, shi sh dzăsi cu mintea "Tora ninga tsiva nu po' s'adaru, itsi s'facă. Tsi *va* s'aleagă di mini?"

Ama ti tihea 'li Alice, cuniticea ti ciudii sh avea dipisită tora efectulu, sh ea nu mata criscu: ama tutu nu sh afla uidiia shi s'părea că nu-avea altă turlii ta s'iasă pali ditu udă, sh ti atsea s'dukea multu lăită.

"Eara multu ma ghini acasă," s'mindui mărata Alice, "cându nu creshtsă nitsi nu hiriseshtă dipriună, nitsi cumăndusită di shoarits ică di ljepuri. Cătu nj yini s'dzăcu că ma ghini s'nu dipuneamu tu cohea a ljepurlui – ama – ama – tsi ciudii, avdză tini, ahtari bană! Mi ciudusescu tsi *putea* s'mi pată! Anda adyivăsescu pirmithi, vedu cu mintea cumu ahãri luyurii nu s'facu, sh tora aua hiu tu mesi di ahtari! Prindi s'aibã vãrã carti anyrãpsitã cu patimatli a meali, prindi! Sh anda va s'crescu va s'anyrãpsescu unã – ama hiu mari tora," adãvgã pishmanã; "ghini cã nu-ari locu ta s'crescu ninga ma multu *aua.*"

"Ama deapoa," s'mindui Alice, "nu-ari s'crescu *canãoarã* tu ilikii ma multu di tora? Nj ari hari, di-unã parti – puté s'nu hiu moashi – ama – dipriunã s'negu la sculii s'anvetsu! Oh, nu mi ariseashti *ahtari!*"

"Oh, tini glarã Alice!" sh apãndãsi singurã. "Cumu s'anvets aua? Emu, aua loclu mizi easti trã tini, ama nu-ari ici locu ti vãrnã carti!"

Sh dusi ashi ninti, loa prota una parti sh deapoa alantã, di adra unã moabeti cu tuti; ama dupu pa' tsintsi minuti avdzã unã boatsi nafoarã shi s'dinãsi s'u ascultã.

"Mary Ann! Mary Ann!" grea boatsea. "Caftã-nj mãnushili tora!" Deapoa s'avdzã truputinda cicioari pi scarã. Alice shtea cã Ljepurlu yinea s'u veadã sh acãtsã s'treamburã di vrundui casa, cãtse s'avea agãrshitã cã tora eara di unã njilji di ori ma mari di Ljepurlu, sh cã nu lipsea sã'l hibã fricã di nãsu.

Tora Ljepurlu agiumsi la ushi sh deadi s'u dishcljidã, ama dimi usha s'dishcljidea cãtã nuntru sh cotlu ali Alice pindzea usha, nãsu nu putu. Alice lu-avdzã iu sh dzãtsea "Prindi s'anvãrlighedzu casa shi s'intru pitu geami."

"*Aestã* nu-a u adari!" mindui Alice, sh dicara ashtiptã s'veadã, avdzã Ljepurlu dipu sumu geami shi sh teasi unãshunã mãna, sh deadi s'acatsã tsiva. Nu acãtsã tsiva, ama avdzã unã tsiurari sh unã cãdeari, sh cumu s'frãndzea geamea, di iu duki cã poa' s'avea cãdzutã tu unu caduru di castravets icã tu altu ahtari lucru.

Deapoa s'avdzã unã boatsi ayrã – a Ljepurlui – "Pat! Pat!
Iu hii?" Sh deapoa unã boatsi tsi nu u avea avdzãtã puté,
"Siyura aua hiu! Sãpamu ti meari, tinjisite!"

"Sãpai ti meari, dealithea!" dzãsi Ljepurlu cu inati. "Ai!
Yina s'mi agiuts s'iesu ditu *aestu!*" (Ma multi genj frãmti
s'avdza.)

"Pat, dzã-nj tora, tsi easti tu geami?"

"Siyura unu bratsu, tinjisite!"

"Unu bratsu, ahmacu hii! Cari ari vidzutã ahtari mari?
Mutrea, umpli tutã geamea!"

"Siyura, u umpli, tinjisite: ama tutu bratsu s'acljeamã."

"Ama tsi lucru ari aua, ahtari lucru: du-ti sh lja-lu di aclo!"

Sh deapoa, ca baia oarã nu mata s'avdzã tsiva, di Alice
putea s'avdã mash pushpurãri aua sh aclo "Siyura, nu mi

ariseashti, tinjisite, ici, ici!" "Adară tsi tsă dzăshu,
fricoase!", sh tu soni ea pali sh'teasi măna sh featsi canda
vrea s'acatsă tsiva. Tora s'avdzără *doauă* tsiurări sh cama
multi genj frămti. "Cătu multi cadru ti castravets ari aua!"
mindui Alice. "Mi ciudusescu tsi va s'adară tora! S'mi tragă
pitu geami, ee, mashi *s'poată*! Siyura nu voiu s'mata armănu
aua!"

Ashtiptă niheam' di oară ama nu s'avdza tsiva: tu soni
s'avdza iu yinea aruhoatări di carutsă njică, sh vrondu di
multi bots tsi azbura deadunu: duki zboarăli: "Iu easti alantă
scară? – Emu, nu lipsea altă s'aducu. Săhăriki u ari alantă –
Săhăriki! Adu u aua, feată! – Aua, tu aestu cornu – Nu,
leagă-li deadunu prota – nu agiungu nitsi păn' tu giumitati –
Oh! Va s'agiungă multu mshatu. Nu ti fă ahoryea – Aua,
Săhăriki! Tsăni u stresu funea – Va u tsănă citia? –
Angătanu la ploacea disfaptă – Oh, va cadă! Afirits-vă
capitli!" (tsiva cădzu cu vrondu) – "Tora, cari u adră aestă?
– Săhăriki, nj pari – Cari va s'dipună tu ugeacu? – Noo, *io
nu*! *Tini* dipuni! – *Nu* voiu, de! – Săhăriki prindi s'dipună –
Aua, Săhăriki! Nicukirlu dzătsi că tini va s'dipunj tu
ugeacu!"

"Oh! Ashi dimi, Săhăriki prindi s'dipună tu ugeacu?" sh
dzăsi Alice cu mintea. "Emu, năshi s'pari că tuti li arucă pi
Săhăriki! Nu voiu s'hiu tu kealea ali Săhăriki nitsi ti paradz:
ugeaclu easti strimtu, siyura; ama *minduescu* că potu
s'agudescu niheamă cu ciciorlu!"

Sh trapsi ciciorlu cătu putu alargu di ugeacu sh ashtiptă
pănă avdză ună njică prici (nu putea s'dukească tsi soie eara)
iu azgrăma shi zdumbusea tu ugeacu dipu aproapea di ea:
deapoa, di cara sh dzăsi "Săhăriki easti," deadi ună sclotsă
sănătoasă sh tora ashtipta s'veadă tsi vrea s'tihisea.

Protlu lucru tsi avdză fu ună tăbăbii tsi grea "Du-ti,
Săhăriki!" deapoa boatsea a Ljepurlui singură – "Acătsats-
u, voi di ninga gardu!" deapoa tsiva, deapoa pali mintitura di

bots – "Tsãni-lj caplu – Tora arãkii – S'nu u azgrumats – Cumu fu, soatsã? Tsi tsã pãtsãshi? Dzã-nã li tuti!"

Tu soni s'avdzã unã boatsi slabã, cãrtsãnitã ("Sãhãriki easti," s'mindui Alice), "Emu, nitsi io nu shtiu – Duri, haristo; hiu cama bunã tora – ama hiu multu nãrãitã ta s'vã aspunu – tutu tsi shtiu easti cã tsiva vini cãtã io ca giucãreaua tsi ansari, di mi featsi s'ansaru ca raketã!"

"Ashi ansãrishi, mãratã!" dzãsirã alantsã.

"Va s'dãmu focu a casãljei!" dzãsi boatsea a Ljepurlui. Sh Alice aurlã, cãtu putu cama cu silã, "Ma s'adrats aestã, va vã u pitrecu Dina!"

Deapoa tãcurã tuts ca mortsã sh Alice s'mindui, "mi ciudusescu tsi va s'adarã tora! Ma sh u aibã mintea, va s'ascoatã citia." Dupu ndoauã minuti, loarã pali s'mutã di aua aclo sh Alice lu avdzã Ljepurlu iu dzãtsea, "Nã lipseashti unu talaru, ta s'ahurhimu."

"Unu talaru *di tsi?*" mindui Alice. Ama nu avea multu s'ciuduseascã, cãtse tu alantã minutã unã ploaie di kitriseali cãdzu pitu geami sh niscãnti u agudirã tu fatsã. "Va u dinãsescu io

aestă," dzăsi tu minti sh aurlă, "ma ghini s'nu adrats aestă ninga ună oară!", sh deapoa nu mata s'avdză icitsiva.

Alice vidzu ca niheamă ciudusită că kitritsealili tuti s'adrară turti njits aclo iu avea cădzută mpadi, sh lj vini ună idee lumbrusită. "Ma s'măcu ună di aesti turti," s'mindui, "siyura va s'facă *vără* alăxeari tu boia a mea; sh dimi nu poa' s'mi adară sh nica ma mari, va mi adară ma njică, pistipsescu."

Ashi că angljită una di turti sh fu hărsită s'veadă că loa s'adună tu oară. Cumu agiumsi njică sh putu s'treacă pitu ushi, inshi nafoară di casă, sh află tamamu ună tăbăbii di priciuri sh di pulj tsi ashtipta nafoară. Mărata gushturitsă, Săhăriki, eara tu mesi, iu u tsănea doi shurikits tsi lj dădea tsiva ditu ună botsă. Tuts s'himusiră cătă Alice anda u vidzură; ama ea fudzi alargu cătu putu sh ayonjea află apanghiu tu ună păduri speasă.

"Protlu lucru tsi amu ti adrari," dzăsi Alice aclo iu alăga pitu păduri, "easti s'crescu păn' di boia a mea; sh defturlu lucru easti s'aflu calea cătă atsea gărdină mshată. Pistipsescu că easti nai ma bunlu planu."

S'părea ti anami planlu, siyura, multu apló sh ti harauă; mashi că ea nu sh avea hăbari cumu s'ulu dizvărtească; sh aclo iu sh arca ocljilj siisită anamisa di ponj, ună alătrari tsiurată stri caplu a ljei u featsi s'ashutsă caplu nsusu ayunjisită.

Unu cătsălacu ca baia mari u mutrea di analtu cu oclji mări, disfaptsă sh tindea unlu cicioru peanarya ta s'u ahulească. "Măratlu njicudzancu!" dzăsi Alice, cu boatsi vluisită sh deadi ta s'ashuiră, ama eara lăhtărsită ti amoarti, cătse s'mindui că poa' s'eara agiunu, sh vahi ti atsea vrea s'eara etimu s'u măcă cu tutâ vluisearea a ljei.

Nitsi ea nu shtea tsi adra, anda freadzi niheamã di unu ciumagu shi lj lu teasi a cãtsãlaclui: ti atsea cãtsãlaclu ansãri dinãcali pi paturli cicioari, shkimurãndalui cu kefi shi s'aurlã cãtã ciumagu, di ahurhi s'agioacã cu elu: deapoa Alice s'ascumsi dupu unu skinu mari ta s'nu u lja azvarna; sh tu oara iu ea inshi di alantã parti, cãtsãlaclu pali ansãri cãtã ciumagu sh cãdzu deantreglu di ayunjiseari ta s'lu acatsã: deapoa Alice, dimi minduia cã eara hasu canda s'agiuca cu vãrã calu cu fãrnu sh ashtipta tu cathi minutã s'u calcã ncicioari, alãgã anvãrliga di skinu pali: deapoa cãtsãlaclu ahurhi unu bairu di shcurti alãgãri cu ciumaglu, alãgãndalui cathi oarã niheamã cama alargu sh ma multu nãpoi sh alătrăndalui vrăhnisitu daima, pãn' tu soni shidzu mpadi ca baia alargu, sh lo s'adii zorlea, cu limba aspindzuratã nafoarã di gurã sh cu atselj oclji mãri giumitati ncljishi.

Aestã lj si pãru ali Alice unã furnjii bunã ta s'fugã: ashi cã s'mutã tu atsea oarã sh lo s'alagã pãnã armasi sh nu mata putea s'adii, aclo iu alãtrarea a cãtsãlaclui s'avdza di iuva multu alargu.

"Emu tsi scumpu cãtsãlacu eara!" dzãsi Alice, aclo iu s'andrupa di unã lilici cu kipurici galbini ta sã s'discurmã shi sh fãtsea vimtu cu una di frãndzã. "Prindea s'lu aveamu anvitsatã giocuri maca – mashi s'earam cu boia a mea di aradã! Oh mãrata! Mi-agãrshiiu cã prindi s'crescu pali! Ia s'vedu – cumu *va* adrari? Pistipsescu cã va s'mãcu icã s'beau tsiva icã altutsiva; ama nai ma marea ntribari easti "Tsi?"

Nai ma marea ntribari siyura eara "Tsi?". Alice mutri anvãrliga di ea lilicili sh hirili di iarbã, ama nu putu s'veadã tsiva cari s'aspunã ca lucurlu bunu ti amãcari icã ti abeari tu aestã catandisi. Avea aclo unu mari buburecu tsi crishtea ninga ea, cu boia isa cu ea sh cãndu mutri sumu nãsu sh di doauli pãrtsã sh dupu nãsu, lj si fãnãrsi cã vrea s'putea s'mutreascã shi s'veadã tsi avea analtu pi nãsu.

S'teasi nsusu pi deadziti sh mutri mardzina di buburecu sh oeljilj a ljei truoarã s'andãmusirã cu oeljilj a unei mãri unjidã njirlã tsi shidea analtu cu bratsãli angurtsulati sh ancunjea isihã unu narghilé, fãrã s'bagã eryu ni ti ea, ni ti altu lucru.

C A P L U   V

Urnimii
di la unã Unjidã

njida sh cu Alice s'mutrirã unã alantã ti niheamã
oarã fãrã zboru: tu soni Unjida sh ascoasi narghi-
lelu din gurã shi lj gri cu unã boatsi canda lãndzidã sh ca ditu
somnu.

"Cari hii *tini*?" dzãsi Unjida.

Aestã nu lj dãdea anacrã ti muabeti. Alice apãndisi ca
arshunatã, "io – nitsi io nu shtiu, kirauã, tamamu tora –
shtiu mashi cari *earamu* anda mi asculaiu tahina, ama
pistipsescu cã mi alãxiiu ca baia ori di atumtsea."

"Tsi vrei s'dzãts cu aestã?" dzãsi Unjida sertã. "Dã
giuiapi!"

"Nu po' s'dau giuiapi *ti mini*, nj pari, kirauã," dzãsi Alice,
"dimi nu mata hiu *mini*, akicãseshtsã."

"Nu-akicãsescu," dzãsi Unjida.

"Pistipsescu cã nu po' s'aspunu ma limbidu," apãndãsi
Alice multu tinjisitã, "cãtse nu po's'akicãsescu nitsi mini

42

dimi; sh cara avuiu ahãntea boie tu unã dzuuã mi cicãr-
dãsiiu."

"Nu hii," dzãsi Unjida.

"Emu, vahi tini nu hii ninga," dzãsi Alice; "ama anda va ti
alãxeshtsã tu crisalidã – va tsã yinã oarã unã dzuuã – sh
deapoa tu unu fituru, nj pari cã va ti dukeshtsã niheamã
anapuda, dimi?"

"Ici dipu," dzãsi Unjida.

"Emu, vahi dukerli *a tali* va s'alãxeascã," dzãsi Alice; "io
shtiu mashi cã ahtãri lucri va hibã multu anapuda *ti mini.*"

"Tini!" dzãsi Unjida cu catafronisi. "Cari hii *tini*?"
Cu aesti s'turnarã tu ahurhita di muabeti. Alice s'duki niheamã antsãpatã cã Unjida avea ahtari purtaticu shi s'mutã sh dzãsi, mintimenã, "Pistipsescu cã prindi s'nj aspunj prota cari hii *tini*."
"Ti tsi?" dzãsi Unjida.
Sh aestã ntribari eara niuidisitã sh dimi Alice nu putu s'minduiascã ti nitsiunã giuapi sh dimi Unjida s'pãrea *multu* cãrtitã, s'turnã sh fudzi.
"Yina nãpoi!" lj gri Unjida. "Voiu s'tsã dzãcu unu lucru ti simasii!"
Dimi u aflã bunã aestã, Alice s'ashtsã sh vini pali nãpoi.
"S'nu ti acatsã inatea," dzãsi Unjida.
"Mashi aestã?" dzãsi Alice, apreadunatã cãtu putu.
"Nu," dzãsi Unjida.
Alice s'mindui cã putea sh s'ashteaptã, dimi nu avea altu ti adrari sh vahi tu soni Unjida va lj dzãtsea tsiva di simasii ti avdzari. Ti ndoauã minuti aestã mashi sufla ama nu azbura; ama tu soni sh disfeatsi bratsãli, lo pali narghileleu din gurã sh dzãsi, "E, tini pistipseshtsã cã ti alãxishi, dimi?"
"Nj pari ashi, kirauã," dzãsi Alice; "nu nj aducu aminti lucãrli ca ninti – sh nu mata amu idyea boie ti ma multu di dzatsi minuti!"
"*Tsi* lucri nu po' s'aduts aminti?" dzãsi Unjida.
"Emu, loaiu s'dzãcu '*Tsi adarã njica alghinã lucrãtoari*', ama zboarãli nj vinirã naljurea!" apãndãsi Alice multu anvirinatã.
"Dzã tora, '*Hii aushu, Fende William*'," dzãsi Unjida.
Alice sh adunã mãnjli sh ahurhi: –

"Hii aushu, Fende William," dzāsi tinirlu,
"Sh perlu multu tsā alghi;
Sh tini tutu shedz pi capu –
U pistipseshtsā bunā ti ilikia a ta?"

"Gioni anda earamu," dzāsi William a hilji-sui,
"Nj eara fricā s'nu nj aspargu māduua;
Ama tora shtiu siyura cā nu amu ici māduuā,
Ti atsea adaru ashi dipriunā."

"Hii aushu," dzāsi tinirlu, *"cumu dzāshu deaneavra,*
Sh ti adrashi grosu cātu nu s'ixeashti;
Ama tutu ansari cu pāltārli cātā ushi –
Aspuni, ti tsi u adari aestā?"

"Gioni anda earamu," dzāsi mintimenlu sh ascuturā
perlji ca di cinushi,
"Nj avemu tutu truplu ca lumaki veardi
Cātse ufiliseamu aestā mihlemi – unu pārāgicu cutia –
Vrei s'tsā vindu ndoauā sh atsia?"

"Hii aushu," dzāsi tinirlu, "sh fāltsāli tsā si hābinarā
Sh nu po's'māts altu, mashi seulu;
Ama u azgurnjishi biba, cu oasi sh cu dāltanā –
Aspuni, cumu u adrashi sh aestā?"

"Gioni anda earamu," dzāsi fen'su, "mi arisea nomurli,
Sh cathi itii u criseamu deadunu cu nveasta;
Ashi cā putearea tsi u deadi aestā ti fāltsāli a meali,
Nj armasi ti tutā bana."

"Hii aushu," dzãsi tinirlu, "nitis nu nj pistipsescu
Cã ocljulu ts armasi idyiulu di unu kiro;
Ama tutu ambairi aclu cu hirlu di hãrsafi –
Tsi ti adarã sh ahãnta mintimenu?"

"Dedu apandisi ti trei ntribãri, tora duri,"
Dzãsi fen'su; "nu aspuni mãreatsã!
Dzãts tini cã potu s'ascultu ahtãri dzuua tutã?
Frãndzi-ti ma s'nu vrei s'ti pingu s'cadz!"

"Nu u dzăseshi cumu lipsea," dzăsi Unjida.

"Nu *tamamu*, nj pari," dzăsi Alice, andirsitä: "niscănti zboară s'mintirä."

"Easti căbati ditu ahurhitä tu dipisitä," dzăsi Unjida apufusitä sh deapoa vără nu gri ti niscănti minuti.

Prota azbură Unjida.

"Tsi boie vrei?" antribă.

"Oh, nu voiu unä boie maxusu," apăndăsi ayunjisitä Alice; "voiu mash s'nu s'alăxească dipriunä, avdzä."

"*Nu* nj ashtiu," dzăsi Unjida.

Alice nu gri tsiva, că vărnu nu u avea ahănta cătigursitä tu bana tutä shi dukea că u acătsa inatea.

"Tora hii hărsitä?" dzăsi Unjida.

"Emu, vrea s'hiu *niheam'* ma mari, kirauä, ma s'vrei," dzăsi Alice: "trei deadziti easti unä boie urutä."

"Easti unä boie ti harauä!" dzăsi Unjida cărtitä shi s'trapsi năpoi aclo iu azbura (u avea boia di tamamu trei deadziti).

"Ama nu hiu anvitsatä ashi!" angrică mărata Alice ti njilä.

Shi s'minduia, "Aesti priciuri tsi ayonjea s'cărtescu!"

"Va ti anvets cu kirolu," dzăsi Unjida; shi sh băgă narghi-lelu ngură sh pali ahurhi s'ancunji.

Aestă oară Alice tăcu sh arăvdă pănă Unjida vrea s'azbura diznău. Dupu ndoauä minuti, Unjida sh ascoasi narghilelu din gură sh căscă unä ică doauă ori sh deapoa s'ascuturä. Deapoa dipusi di pi buburecu sh ankisi cătä nclo pitu iarbä, sh mashi dzăsi aclo iu imna, "Una parti va ti crească analtä sh alantä parti va ti ashcurteadzä."

"Una parti di *tsi?* Alantä parti di *tsi?*" sh dzăsi Alice

"Di buburecu," dzăsi Unjida, tamamu canda ea s'avu antribatä cu boatsi; sh tu altu sticu di oară afanä s'featsi.

Alice armasi di mutrea minduitä bureclu unä minutä, lo di căfta s'dukească doauli părtsä cari eara; sh dimi bureclu eara arucutosu, lj vini multu zori. Ama tu soni sh teasi

49

bratsãli deanvãrliga cãtu putu sh cu cathi mãnã arupsi cãti unã cumãtici ditu mardzinã.

"Sh tora cari easti cari?" sh dzãsi sh ciuminã niheamã di nandreapta ta s'veadã tsi s'fatsi. Tu atsea oarã duki unã agudeari di napandica sumu grunju: avea data di cicioru!

Eara multu aspãreatã di aestã alãxeari vinitã di napandica ama tora nu-avea kiro ti akireari, cãtse lo di hirisea multu ayonjea: ashi cã s'ashtirnu pi lucru ta s'mãcã di alantã cumãtici. Tora grunjlu lu avea ahãnta kisatu di ciciioru, cã nu para avea locu s'dishcljidã gura; ama tu soni u dischljisi sh putu di ascãpitã unã mãshcãturã ditu cumãticea di nastãnga.

$$* \quad * \quad * \quad *$$
$$* \quad * \quad *$$
$$* \quad * \quad * \quad *$$

"Ai, caplu lu-amu tora niacãtsatu!" dzãsi Alice cu kefi, ama tu alantã minutã s'anshirpitã, anda duki cã pãltãrli nu li afla iuva: putu mashi ta s'veadã, anda mutri mpadi, unã lungã di dipu gushi, tsi canda s'muta ca unã fidanã ditu amarea di frãndzã verdzã di sumu ea.

"Tsi *poa*'s'hibã aestã virdeatsã?" dzãsi Alice. "Sh iu *au* agiumtã pãltãrli a meali? Oh, mãratili nj mãnj, ti tsi nu vã vedu?" Ea tutu li mina aclo iu azbura, ama tsiva nu s'fãtsea, mashi unã minari pitu frãndzã, cama nclo.

Dimi nu avea culaie s'aducã mãnjli nsusu la capu, lo s'dipunã caplu cãtã *eali*, sh multu s'hãrsi anda vidzu cã gusha s'aplica multu efcula cata iutsido, ca vãrã sharpi. Cãtu avea pututã di li avea adusã cãtã mpadi ca tu unu zigzag mshatu, sh s'andridzea sã s'arucã tu frãndzã, cari lj is fãnãrsea ca cipiti a ponjloru pi sumu cari s'avea priimnatã, anda unã shuirari antruyisitã u featsi s'tragã nãpoi avrapa:

unu pilisteru mari lj avea azbuiratã tu fatsã sh u bãtea cu inati cu arkili.

"Sharpi!" tsiurã Pilisterlu.

"Io *nu* hiu sharpi!" dzãsi Alice antsãpatã. "Alasã-mi!"

"Sharpi, dzãcu pali!" difturusi Pilisterlu, ama cama featsi cali sh adãvgã canda cu sukirari, "adraiu tuti turliili, ama tsiva nu lã ariseashti!"

"Nu nj amu ici hãbari tsi dzãts," dzãsi Alice.

"Neshu tu arãdãtsinjli a ponjloru, mardzina di api, tu garduri," gri Pilisterlu fãrã s'u lja ti tamamu; "ama aeshtsã sherki! Tsiva nu lj ariseashti!"

Alice eara di dipu ciushuitã, ama s'mindui s'nu greascã altu zboru pãnã nu vrea s'dipisea Pilisterlu.

"Canda nu lã agiundzea cã li culcescu oauli," dzãsi Pilisterlu; "ama va s'amu angãtanu s'nu yinã sherkili, dzuuã sh noapti! Nu nj durnjiiu ici tu aesti trei stãmãnj!"

"Nj pari arãu cã hii cripatu," dzãsi Alice, cari ahurhea s'akicãseascã.

"Sh tamamu anda acãtsaiu nai ma analtulu pomu ditu pãduri," gri pali Pilisterlu, cu boatsi analtã tsiuratã, "sh tamamu anda minduiamu cã ascãpaiu di nãshi, tu soni, tora yinu di analtu sh cadu pisti io! Uh, Sharpi!"

"Ama io *nu* hiu sharpi, tsã dzãshu!" gri Alice. "Io hiu – io hiu –"

"Emu, *tsi* hii tini?" dzãsi Pilisterlu. "Vedu cã vrei s'ascots vãrã noauã!"

"Io – io hiu unã fiticã," dzãsi Alice, ca minduitã, cãtse thimisea cãti alãxeri avu atsea dzuuã.

"Tsi pirmithu ca dealithea!" dzãsi Pilisterlu canda videa unu lucru di lãvii. "Amu vidzutã multi fititsi tu bana nj, ama nitsi *unã* cu ahtari gushi ca tini! Nu, nu! Hii sharpi; sh nu fatsi s'ti ascundzã. Minduescu cã deapoa van j dzãts cã taha puté nu ai gustatã ou!"

"*Amu* gustatã oauã, dealithea," dzãsi Alice, cari eara multu vluisitã; "ama fititsili mãcã oauã tutu ashi multi ca sherkilj, avdzã tini."

"Nu pistipsescu," dzãsi Pilisterlu; "ama maca ashi, cãtse suntu sh eali unã turlii di sherki: mash aestã po's'dzãcu."

Ti ahtari noauã idee, Alice tãcu ti ndoauã minuti, iara Pilisterlu aflã furnjia ta s'adavgã, "Caftsã oauã, u shtiu multu ghini; sh tsi lucru amu io, desi hii fiticã icã sharpi?"

"Ama *io* amu lucru," dzãsi ayunjisitã Alice; "ama io nu caftu oauã ici; sh cara s'cãftamu, nu li voiu *a tali*: nu li voiu crudi."

"Astup-u atumtsea!" dzãsi Pilisterlu fãrã kefi shi sh shidzu pali tu fuljauã. Alice s'cuculi anamisa di ponj cãtu putu ma ghini, cãtse gusha lj avea armasã acãtsatã tu lumãki, sh aua sh aclo prindea sã s'dinãseascã ta s'discaci. Dupu niheam' di oarã sh adusi aminti cã nica li tsãnea tu mãnj cumãtsli di buburecu, shi s'ashtirnu pi lucru cu angãtanu, mãshca di una, deapoa di alantã, tora crishtea analtã, tora hirisea, pãnã agiumsi aclo iu vrea, la boia di prota.

Avea tricutã ahãnta kiro di anda fu ashi aproapea di boia lj, cã prota lj pãru ca ti ciudii; ama s'anvitsã tu ndoauã minuti sh ahurhi sã sh'azburascã, ca daima. "Ai tora, disa di planu s'adrã! Tsi ciudii tuti alãxirli aesti! Puté nu hiu siyura tsi va s'hibã, di unã minutã tu alantã! Multu ghini cã mi turnaiu tu boia nj: alantu lucru tora easti s'intru tu gãrdina atsea mshata – ama *cumu* s'adaru, mi ciudusescu?" Aclo iu dzãtsea aestã, agiumsi diunãoarã tu locu dishcljisu, iu avea unã cãsicã di vãrã patru coati analtã. "Cari s'bãneadzã aua," s'mindui Alice, "nu fatsi s'negu la nãshi cu *aestã* boie: va lj asparu ti amoarti!" Tri atsea ahurhi s'mãshcã di nandreapta pali, sh nu s'arãki s'agiungã ninga casã pãnã nu hirisi di doauã pãlnji.

C A P L U   VI

Porcu sh Kiperu

 i ndoauã minuti shidzu di u mutrea casa shi s'ciudusea
tsi s'adarã deapoa, cãndu di napandica unu huz-
mikearu cu stranji di tehni inshi alãgãndalui nafoarã di
pãduri – (lu luyursi ti huzmikearu cãtse purta atseali stranji:
ama cara sã lj'mutrea mash prosuplu vrea lu luyursea pescu)
– sh ciucuti cu silã pi ushi cu dzeaditili. U dishcljisi altu
huzmikearu cu stranji di tehni, cu fatsa mplinã, cu oclji mãri
ca di broscu; sh doilji huzmikeari, bãgã oarã Alice, sh avea
datã perlu neali-neali pisti capu cu pulbiri albã. S'duki multu
perieryã s'ashtibã tsi eara tuti aesti, ti atsea inshi preayalea
nafoarã ditu pãduri ta s'avdã.

Pesculu-Huzmikearu ahurhi s'ascoatã di sumsoarã unã
carti mari, mari cãtu nãsu, u deadi a alãntui sh dzãsi cu
boatsi aleaptã, "Ti Dukesa. Unã cãliseari di la Vãsiljoanji ta
s'agioacã croket." Brosculu-Huzmikearu difturusi cu idyea
boatsi aleaptã ama alãxi niheamã arada a zboarãloru, "Di la
Vãsiljoanji. Unã cãliseari ti Dukesa ta s'agioacã croket."

Deapoa doilji s'ancljinarã pãnã mpadi sh perlji ncãrshiljats
lã si mintirã deadunu.

53

Alice ahãnta arãsi cã lipsi s'alagã nãpoi tu pãduri di fricã s'nu u avdã, sh cãndu pali inshi tu miidani, Pesculu-Huzmikearu avea fudzitã sh alantu shidea mpadi pi locu ninga ushi, cu ocljilj cãtã nsusu, ca glaru.

Alice dusi ca ndirsitã ninga ushi sh ciucuti.

"Nu-ari ti tsi s'ciucuteshtsã," dzãsi Huzmikearlu, "ti doauã itii. Prota, cãtse hiu di idyea parti di ushi cu tini: deftura, cãtse ahãnta vrondu s'adarã nuntru, cã vãrnu nu poa's'ti avdã." Aclo siyura *avea* unu mari halatu nuntru – urlari shi shtirnutari dipriunã, sh cãti vãrã oarã unã mari

54

zdumbuseari, ca anda unu piatu icã unu giuvge s'frãngu cumãts.

"Ama, ti plãcãrsescu," dzãsi Alice, "cumu va s'intru aclo?"

"Poa' s'aibã vãrã felasi ciucutearea," gri nãpoi Huzmikearlu, fãrã s'u lja di tamamu, "cara s'avemu usha anamisa di noi. Ti paradiymã, ma s'earai *nuntru*, puteai s'ciucuteshtsã sh io va s'puteamu s'ti alasu s'ieshi nafoarã." Tutu mutrea analtu la Dumnidzã anda azbura, iara Alice mindui cã eara nipulitipsitu. "Vahi nu poati altã turlii," sh dzãsi ea; "ari ocljilj *ahãntu* aprukeats di cipitlu di capu. Ama cumu tsi s'hibã poati s'da apandisi. – Cumu s'intru?" difturusi ea, cu boatsi.

"Io va shedu aua," gri Huzmikearlu, "pãnã mãni –"

Tu aestã oarã usha di casã s'dishcljisi sh unu piatu mari inshi sh tricu ndreptu pisti caplu a Huzmikearlui: cãtu lj ahuli nãrli shi s'freadzi cumãts di unlu di ponjlji ditu pãltãrli a lui.

"– vahi sh pãimãni," gri nãpoi Huzmikearlu cu idyea boatsi, canda tsiva nu s'avea faptã.

"Cumu va s'intru?" pali antribã Alice, cu boatsi cama pi mutata.

"*Vrei* dealihtea s'intri?" dzãsi Huzmikearlu. "Aestã easti prota ntribari, avdzã tini."

Siyura, eara: mashi cã ali Alice nu lj arisi ahtari zboru. "Easti ti puvrii," sh dzãsi ti ea, "cumu tuti priciurli s'ancaci. Ti adutsi pi urutã halã!"

Huzmikearlu taha vidzu bunã aestã furnjii ta s'difturuseascã urnipsearea, niheamã alãxitã. "Prindi s'shedu aua," dzãsi, "tutu kirolu, dzãli sh dzãli."

"Ama *io* tsi s'adaru?" dzãsi Alice.

"Itsi vrei," dzãsi Huzmikearlu sh ahurhi s'ashuirã.

"Oh, nu-ari felasi s'azburãscu cu elu," dzãsi Alice apilpisitã: "easti glaru dipu!" Sh dishcljisi usha sh intrã nuntru.

Usha dutsea ndreptu tu unã cuzinã largã, mplinã di fumu ditu unlu capu tu alantu: Dukesa shidea tu mesi, mpadi pi unu stolu cu trei cicioari, sh dãdea keptu a unui natu: mãyirgioanjea s'aplica pisti focu, mintea tu unã cãzani tsi s'videa mplinã di supã.

"Ari siyura multu kiperu tu supa aestã!" sh dzãsi Alice, di va s'putea s'astirnutã.

Siyura avea multu ahtari tu *aerã*. Shi Dukesa stirnuta au ash aclo sh njiclu tora stirnuta, tora aurla sh nu's dinãsea ici. Doilji tsi nu stirnuta tu cuzinã eara mãyirgioanjea sh unã cãtushi groasã, teasã pi vatrã arãdea mutishalui cu gura pãn' di ureclji.

"Vã plãcãresescu, dzãtsets-nji," gri Alice, niheamã andirsitã, cãtse nu shtea desi eara uidisitu s'azburascã ea prota, "cãtse cãtusha a voastã fatsi ashi?"

"Easti unã cãtushi di Cheshire," dzãsi Dukesa, "ti atsea. Porcu!"

Dzãsi zborlu atselu ditu soni cu inati sh atãnta avrapa, cã
Alice ansãri di mpadi; ama tu idyea oarã vidzu cã zborlu eara
ti njicudzancu, nu ti nãsã, ashi cã sh lo anacrã sh dzãsi: –
"Nu nji shteamu cã ashi arãdu mutishalui cãtushili di
Cheshire dipriunã; dealithea, nu nji shteamu cã sh cãtushili
poa's'arãdã."

"Tuti potu," dzãsi Dukesa; "sh nai ma multili arãdu."

"Nu shtiu canã cari s'arãdã," dzãsi Alice multu pulitipsitã,
cã lj si avea adratã kefea ta s'intrã tu muabeti.

"Nu para ts ashtii multi," dzãsi Dukesa; "aestã easti."
Alice nu u arisi ni boatsea ni cãtiyursearea, sh is'mindui cã
vahi vini oara s'aducã zborlu ti altu tsiva. Aclo iu minduia tsi
s'dzãcã, mãyirgioanjea lo cãzanea cu supã di pi focu, sh tu
minutã s'ashtirnu pi lucru sh arca itsi avea aproapea cãtã
Dukesa sh cãtã njicu – vinirã hearili ti cãlcari prota; deapoa
unã ploaie di phitici, phiati sh cinii. Dukesa nu li lo ti
tamamu nitsi anda u agudirã; iara njiclu dimi aurla dipriunã,
zori s'dukeshtsã desi fu aguditu icã nu.

"Oh, *rigeaie* angãtanu tsi adari!" azghili Alice iu ansãrea
nsusu shi nghiosu lãhtãrsitã di puvrii. "Oh, ia tora narea lj
hrisusitã!", anda unu phiticu ca baia largu azbuirã aproapea
sh cãtu nu-lu lo azvarna.

"Cara tuts va sh mutrea lucurlu," dzãsi Dukesa cu boatsi
vãrhnisitã, groasã, "lumea va s'imna cama ayonjea di tora."

"Ama aestã *nu* vrea s'hibã ti ghini," dzãsi Alice, cari
s'dukea multu hãrsitã cã aflã furnjia s'aspunã niheamã di tsi
shtea. "Mashi minduia-ti tsi lucru va s'hibã cu dzuua sh cu
noaptea! Vedz Loclu, tu pa'sprãyinghits sihãts s'anvãr-
teashti pi hiru –"

"Dimi bana easti pi hiru," dzãsi Dukesa, "tãljeats-lji
caplu!"

Alice mutri ca aspãreatã cãtã mãyirgioanji, ta s'veadã desi
u avea dzãsã ta s'adukeascã aestã; ama mãyirgioanjea

mintea siisitã supa sh canda nu asculta, ashi cã pali gri: "Pa'sprãyinghits sihãts, *pistipsescu*; icã do'sprã? Io –" "Oh, alasã-*mi* arihati!" dzãsi Dukesa; "Nu li strãxescu isãkli!" Sh cu aesti ahurhi pali s'alãpteadzã cilimeanlu, cãntãndalui unã turlii di sãrmãnitsã sh tutu lu agudea anda dipisea unlu cupletu: –

> *"Ancaci-ts ficiuriclu,*
> *Bati-lu anda stirnuteadzã:*
> *Cã elu va mashi s'ti creapã,*
> *Shtii cã ti cãrteashti."*

DEADUNU
(Aua cãntã sh mãyirgioanjea sh njiclu): –
"A-ú! a-ú! a-ú!"

Anda Dukesa cãnta doilu cupletu di cãnticu, ea ascutura cu silã njiclu nsusu shi nghiosu iara mãratlu njicu ahãnta aurla, cã Alice cu zori avdza zboarãli: –

> *"Lu-ancaciu hiljiu nj,*
> *Ulu batu anda strinuteadzã;*
> *Ta s'poa's'lu ariseascã*
> *Kiperlu anda ari kefi!"*

DEADUNU
"A-ú! a-ú! a-ú!"

"Mutrea! Po's'lu ai angãtanu niheamã, ma s'vrei!" lj dzãsi Dukesa ali Alice, sh anda azbura lu arcã njiclu cãtã nãsã. "Va s'fugu s'mi andregu s'agiocu croket cu Vãsiljoanjea," shi s'ayunjisi nafoarã di udã. Mãyirgioanjea arcã unã tiyani dupu ea aclo iu inshea, ama nu u agiumsi ti niheamã.

Alice acãtsã ca zorlea njiclu cãtse eara plãsatu ti ciudii cu bratsãli sh cu cicioarli teasi tu tuti pãrtsãli, "tamamu ca unã steauã ditu amari," mindui Alice. Mãratlu njicu adiljea ca unã pampori anda lu acãtsã, sh tutu s'lundzea shi pali s'tindea, cã dipriunã, ti vãrã ndoauã minuti ea mizi putu ta s'ulu tsãnã.

Di cara duki cumu lipsea s'ulu mutreascã (s'lu ashutsã ca tu unã turlii di nodu, s'ulu tsãnã stresu di ureacljea ndreaptã sh di ciciorlu stãngu, ta s'nu s'disfacã singuru), ãlu purtã nafoarã tu aerã dishcljisã. "Ma s'nu lu ljeau njiclu di aua cu mini," s'mindui Alice, "siyura va-lu vatãmã tu ndoauã dzãli: nu easti amãrtii s'lu alasu aua?" Li dzãsi atseali ditu soni cu boatsi, iara njiclu bãndurã ca apandisi (s'avea dinãsitã tora di stirnutari). "Nu bãndureadzã," dzãsi Alice; "nu easti uidisitu s'ti aspunj ahtari turlii."

Njiclu pali bãndurã sh Alice lu mutri tu fatsã ca baia aspãreatã ta s'veadã tsi s'fãtsea cu elu. Fãr' di altã avea unã nari *multu* shtãtã nsusu, ma multu ca zurnã, nu ca nari: sh ocljilj lj avea multu njits ti unu ficiuricu: ti atsea ali Alice nulj avu ici hari. "Ama vahi suskira mashi," sh mindui ea shilu mutri ntroclji diznãu, s'veadã desi avea vãrã lacãrmã.

Nu, nu-avea lãcãrnji. "Ma s'ai tu umuti s'ti adari unu porcu, oh lãi," dzãsi Alice fronimã, "nu-amu altu tsi s'adaru cu tini. Vedz tora!" Mãratlu njicu pali suskirã (icã bãndurã, nu puteai s'dzãts siyura) shi sh loarã calea fãrã zboru, ti niheamã oarã.

Alice tamamu acãtsa s'minduascã, "Tora, tsi s'adaru cu aestã pravdã anda va s'agiungu acasã?" cãndu aestu bãndurã tsiva, ama cu inati, cã ea lu mutri tu fatsã ca trunduitã. Tora nu avea alatusi: nitsi nu eara altu tsiva, eara unu porcu sh ea duki cã vrea s'eara absurdu ninga s'ulu purta.

Ashi cã lu dipusi mpadi shi s'duki multu lishuratã anda lu vidzu iu truputea shi s'aurla fãrã halatu tu pãduri. "Ma s'crishtea," sh dzãsi nãsã, "vrea s'adra unu ficiuricu urutu ti puvrii: ama ashi esti unu porcu mushuticu, pistipsescu." Shi acãtsã s'minduiascã la altsã ficiurits tsi cunushtea, cari putea multu ghini s'hibã ca portsã, sh tamamu sh dzãtsea, "ma s'ashtii mashi atsea culaie ta s'lj'alãxeshtsã –" cã fu niheamã ciudusitã s'veadã Cãtusha di Cheshire iu shidea pi unã lumaki di pomu ndoauã jgljoati ma nclo.

Cãtusha mashi arãsi mutishalui anda u vidzu Alice. Pari vluyisitã, s'mindui: ama tutu avea sgrãi *multu* lundzã sh ca baia dintsã, ashi cã duki cã lipsea s'u tinjiseascã.

"Matsã di Cheshire," ahurhi ca andirsitã, cãtse nu shi shtea ici desi va lju avea hari numa: ama aestã mashi sumarãsi mutishalui nica ma multu. "Tamamu, u arisi," mindui Alice sh gri pali. "Vrei s'nj aspunj, ti plãcãrsescu, cari cali s'ljeau ta s'fugu di aua?"

"Ee, ma prindi prota sã shtii cãtã iu vrei s'nedz," dzãsi Cãtusha.

"Iu tsi s'hibã –" dzãsi Alice.

"Emu, nu-ari simasii cãtã iu fudz," dzãsi Cãtusha.

"– ama s'agiungu *iuva*," adãvgã Alice ca exiyisi.

"Oh, siyura va agiundzã," dzãsi Cãtusha, "mashi s'imnji cãtu lipseashti."

Alice duki cã nu avea ti tsi s'dzãcã nu, ashi cã lo s'antreabã. "Tsi turlii di dunjauã bãneadzã aua?"

"Cata *nclo*," dzãsi Cãtusha sh featsi cu ndreptulu cicioru deanvãrliga, "bãneadzã unu Capelaru: iara cata *ncoa*," featsi cu alantu cicioru, "bãneazã unu Ljepuru di Martsu. Du-ti vizita iu vrei: doiļji suntu mintits di minti."

"Ama io nu voiu s'negu la inshi mintits," bãgã oarã Alice.

61

"Oh, nu pots altă turlii," dzăsi Cătusha: "tuts himu mintits di minti aua. Io hiu zurlă. Tini hii zurlă."

"Di iu shtii că hiu zurlă?" dzăsi Alice.

"Prindi s'hii," dzăsi Cătusha, "altă soie nu-ari s'yineai aua."

Alice nu pistipsea: ama gri "Di iu shtii că hii hutu?"

"Ta s'ahurhescu," dzăsi Cătusha, "cănli nu easti hutu. U shteai?"

"Vahi," dzăsi Alice.

"Emu," gri pali Cătusha, "un căni angărnjeashti anda easti cărtitu ama da coada anda easti hărsitu. Ama *io* angărnjescu anda hiu hărsită sh dau coada anda hiu cărtită. Ti atsea că hiu hută."

"*Easti* turtseari, nu angărnjeari," dzăsi Alice.

"Cumu vrei," gri Cătusha. "Va giots croket cu Văsiljoanjea ază?"

"Va s'vreamu multu," dzăsi Alice, "ama nu mi călisiră."

"Va mi vedz aclo," dzăsi Cătusha shi s'featsi afanā.

Alice nu armasi multu ciudusită, tora s'anvitsă că aua s'facu lucri ti ciudii. Anda mutrea loclu iu fu Cătusha, aestă pali s'fănărsi.

"Nica tsiva, tsi s'featsi cu njiclu?" dzăsi Cătusha. "Va mi agărsheamu s'antrebu."

"S'featsi porcu," apăndăsi Alice isihă, canda Cătusha s'avea turnată naturalu.

"Minduiamu io," dzăsi Cătusha sh pali s'featsi afanā.

Alice ashtiptă niheamă, cana s'u veadă ninga ună oară, ama matsa nu s'fănărsi, dupu ndoauă minuti ankisi cătă iu dzătsea că băna Ljepurlu di Martsu. "Lu vidzuiu Capelarlu ma ninti," sh dzăsi; "Ljepurlu di Martsu va hibă ma intirisantu, sh vahi dimi himu tu meslu maiu nu-ari s'hibă sh ahătu mintitu di minti – nu ahătu mintitu cătu eara tu meslu di martsu." Cumu dzăsi aesti, mutri analtu sh aclo Cătusha diznău shidea pi ună lumaki di pomu.

62

"Dzãseshi 'porcu', icã 'morcu'?" dzãsi Cãtusha.

"Dzãshu 'porcu'," lj-u turnã Alice; "sh voiu s'nu mata ti fãnãrseshtsã ni s'ti fats afanã ahãtu ayonjea: mi anvãrlisishi!"

"Tamamu," dzãsi Cãtusha; sh tora s'featsi afanã peanarya, ahurhindalui di la cipitlu di coadã sh dipisindalui cu sumarãslu, cari armasi sh di cara alanti tuti s'avea faptã afani.

"E, tora! Multi ori vidzui cãtushi fãrã sumarãsu," mindui Alice; "ama unu sumarãsu fãr' di cãtushi! Ahtari ciudii nu-amu vidzutã di anda bãnedzu pisti locu!"

Nu-avea fudzitã multu alargu anda agiumsi iu s'videa casa a Ljepurlui di Martsu: s'mindui cã prindi s'hibã hasa casã, cãtse ugeacurli eara plãsati ca ureclji iara citia eara anvãlitã cu unu kiurcu. Ahtari mari eara casa, cã nu u arisi s'aproaki pãnã s'nu cioaminã niheamã di cumãticea di buburecu ditu mãna stãngã, shi s'anãltsã pãn' di doauã coati: ama tutu imna ca andirsitã shi sh dzãtsea "Canda tutu zurlu easti! Ma ghini s'aveamu fudzitã s'vedu Capelarlu!"

U ñ ã   Z u r l ã   Z a i ſ e ţ i
c u   C e a i

Avea aclo uñã measã bãgatã sumu unu pomu dinintea a casãljei, shi Ljepurlu di Martsu deadunu cu Capelarlu sh bia ceaia analtu: Durnjiclu shidea mpadi anamisa di nãshi, avrapa lu furã somnulu, shi alantsã doilji lu ufilisea ti cãpitãnju, sh andrupa coatili di nãslu, shi azbura stri cãrtsuna a lui. "Multu zori trã Durnjiclu," mindui Alice; "mashi cã, dimi doarmi, vahi nu lu cãrteashti."

Measa eara teasã, ama treilji s'avea adunatã stogu deadunu tu unlu kiushé. "Ici locu! Ici locu!" zghilirã anda u vidzurã Alice iu yinea. "Ari *baia* locu!" dzãsi Alice cãrtitã shi sh shidzu mpadi pi unu largu stolu cu bratsã ninga measã.

"Lja niheamã yinu," dzãsi Ljepurlu di Martsu ta s'ãlj da curaiu.

Alice mutri di anvãrliga di measã, ama nu avea altutsiva, mash ceai. "Nu vedu iuva yinu," bãgã ergu.

"Nu ari ici," dzãsi Ljepurlu di Martsu.

"Atumtsea nu hits prăxits, dimi nj dzăsitu s'ljau," dzăsi Alice nărăitã.

"Nitsi tini nu hii prăxitã dimi shidzushi mpadi fărã s'tsã dãmu izini," dzăsi Ljepurlu di Martsu.

"Nu nji shteamu cã eara measa a *voastã*," dzăsi Alice; "easti ndreaptã ti multã dunjauã, nu mash ti trei."

"Perlji a tãlj voru shcurtari," dzăsi Capelarlu. Nãsu avea mutritã pi Alice niheamã oarã cu mari perieryii, sh aestu fu protlu a lui zboru.

"Prindi s'anvets s'nu cãtigurseshstã vãrnu," dzăsi Alice niheamã sertã: "nu undzeashti."

Capelarlu căscã ocljilj multu mãri anda li avdzã aesti; ama *gri* mash, "Ti tsi gavranlu easti hasu ca laia tablã?"

"Mutrea tini, va s'avemu gimbushi tora!" mindui Alice. "Mi hãrsescu cã nãshi ahurhirã s'antreabã angucitori – pistip-sescu s'potu s'u angucescu aestã," adãvgã cu boatsi.

"Vrei s'dzãts cã minduieshtsã s'pots s'u aflji apandisea?" gri Ljepurlu di Martsu.

"Tamamu," dzăsi Alice.

"Atumtsea va s'dzăts tsi minduieshtsă," lj'u turnă Ljepur-lu di Martsu.

"A u adaru." apăndăsi avrapa Alice; "nai ma psănu – nai ma psănu minduiescu tsi dzăcu – aestă easti idyea, shtits voi."

"Ici idyea!" dzăsi Capelarlu. "Ti tsi, tini pots multu ghini s'dzăts că 'vedu atsea tsi măcu' easti idyea cu 'măcu atsea tsi vedu'!"

"Tutu ashi pots s'dzăs," adăvgă Ljepurlu di Martsu, "că 'mi ariseashti atsea tsi ljau' easti idyea cu 'ljeaŭ atsea tsi mi ariseashti'!"

"Tutu ashi pots s'dzăts," adăvgă Durnjiclu, tsi canda azbura tu somnu, "că 'adilju anda dormu' easti idyea cu 'dormu anda adilju'!"

"*Easti* idyea cu tini," dzăsi Capelarlu, sh aua muabetrea muri, iara zaifetea amutsă ti ună minută, cătu Alice s'mindui la tutu tsi putea ti gavranj sh ti measa ti nyrăpseari, că nu avea multi ahtări.

Capelarlu fu protlu tsi scoasi boatsi. "Tsi dzuuă ditŭ mesu himu?" dzăsi shi s'ashtsă cătă Alice: u avea loată sihatealj ditŭ gepi, sh u mutrea siisitu, u ascutura căti vără oară sh u tsănea la ureaclji.

Alice s'mindui niheamă, sh deapoa dzăsi "Patra."

"Doauă dzăli alathusi!" suskiră Capelarlu. "Tsă dzăshu că umtulu nu fatsi ti ahtari lucru!" adăvgă, mutrindalui cu yinati pi Ljepurlu di Martsu.

"Eara nai ma *bunlu* umtu", apăndăsi Ljepurlu di Martsu ca vără cătushi udă.

"Ie, ama tsiva sărmi au intrată nuntru, dimi", angărnji Capelarlu: "nu prindea s'ulu badz deadunu cu cătsutlu ti păni."

Ljepurlu di Martsu lo sihatea sh u mutri niheamă nvirinatu: deapoa o hipsi tu filgeanea di ceai, sh u mutri diznău: ama nu putea s'minduiască dipu tsiva ma bunu di tsi avea dzăsă prota, "Eara nai ma *bunlu* umtu, avdză tini."

Alice avea shtsătă caplu mutrindalui cu niheamă perieryii. "Tsi sihati ti arădeari!" băgă eryu. "Aspuni dzuua ditŭ mesu, sh nu aspuni oara!"

"Ti tsi s'u facă?" pushpură Capelarlu. "Tsi, sihatea a ta ts'aspuni anlu?"

"Ici dipu," apăndăsi Alice tru oară: "ama ti atsea că adastă tu idyiulu anu ahănta kiro."

"Tamamu ashi sh ti *a mea*," dzăsi Capelarlu.

Alice armasi ciudusitā di dipu. Atsea tsi avea dzăsă Capelarlu canda nu avea cană noimă, a că eara pi armăneashti. "Nu para ti akicăsescu," dzăsi năsă, cumŭ putu cama cu ihtibari.

"Durnjiclu lu fură pali somnulu," dzăsi Capelarlu, shi lj turnă niheamă ceai heartă pi nari.

Durnjiclu sh ascutură caplu ună sh ună, sh dzăsi, fără s'dishcljidă ocljilj, "Siyura, siyura; tamamu tsi mi andridzeamu ta s'dzăcu sh mini."

"U dukishi angucitoarea?" Capelarlu dzăsi shi pali s'ashtsă cătă Alice.

"Nu, tragu mănă," lj u turnă Alice: "Cari easti apandisea?"

"Nu nj amu ici hăbari," dzăsi Capelarlu.

"Nitsi io," dzăsi Ljepurlu di Martsu.

Alice uhtă căpăitā. "Pistipsescu că pots s'ufiliseshtsă ma ghini kirolu", dzăsi u, "ta s'nu lu keri cu ahtări kiruti angucitori tsi nu sh au apandisi."

"Ma s'ashteai Kirolu ahăntu ghini ca io," dzăsi Capelarlu, "nu-ari s'azburai că lu keri *aestu lucru*. Va dzătseari *Năslu*."

"Nu shtiu tsi dzăts," dzăsi Alice.

"Di dipu nu shtii!" dzăsi Capelarlu, sh mină caplu ca ti peză. "Cutedzu s'dzăcu că tini canăoară nitsi nu azburăshi cu Kirolu!"

"Vahi nu," apãndãsi Alice cu angãtanu: "ama shtiu cã va s'misuru kirolu anda anvets muzica."

"Ah! Aestã s'uidiseashti," dzãsi Capelarlu. "Nãsu nu shadi ti misurari. Tora, maca tini mash hii soatsã cu nãslu, elu va s'adarã tutu tsi ti ariseashti cu sihatea. Ti paradiymã, s'dzãtsemu cã eara sihatea noauã tahina, tamamu oara ti ahureari a lectsiljei: prindi mash s'ciucuredz tsiva a Kirolui, shi sihatea va s'anvãrteascã tu unã minutã! Unã sh disã, oara ti prãndzu!"

("Va mi arisea s'eara," sh ciuciurã Ljepurlu di Martsu.)

"Va s'hibã lucru ti anami, siyura," dzãsi Alice minduitã: "ama deapoa – prindi s'nu mi ljea foamea ti aestã, avdzã."

"Nu di prota, vahi," dzãsi Capelarlu: "ama pots s'u tsãnj la unã sh disã cãtu kiro vrei."

"Acshi adari *tini*?" antribã Alice.

Capelarlu lu minã caplu cu caimó. "Nu io!" lj u turnã nãsu. "Nã ancãcemu meslu Martsu tsi tricu – tamamu ninti s'zurluseascã *lu*, avdzã tini –" (cu filgeanea di ceai aspunea cãtã Ljepurlu di Martsu), "– eara la marli concertu datu di Vãsiljoanjea di Inimã, iu prindea s'cãntu

'Cingăr, cingăr, njică bushuracă!
Mi ciudusescu cumŭ hii adrată!'

Vahi lu shtii cănticlu?"

"Amu avdzătă tsiva ahtari," dzăsi Alice.

"Ma nclo, avdză," dzăsi năpoi Capelarlu, "s'dutsi acshi: –

'Aclo iu azboairi analtu di dunjauă,
Hasŭ discu di ceai ninga steauă.
Cingăr, cingăr – '"

Aua Durnjiclu s'ascuturã shi ahurhi s'căntã tu somnu "*Cingăr, cingăr, cingăr, cingăr –*" shi ahănta kiro dusi ninti cã lipsirã s'ulu kipurã ta s'ulu dinăsească.

"O lăi, nica nu dipisiiu protlu versu," dzăsi Capelarlu, "anda Văsiljoanjea aurlã, 'Aestu vatămã kirolu! Tăljeats lji caplu!'"

"Tsi várvaru lucru!" kiurã Alice.

"Shi di atsea oarã," gri ninti Capelarlu cu caimó tu boatsi, "nu adarã icitsiva tsi lj caftu! Tora aspuni daima sihatea shasi."

Unã idée lumbrusitã lj vini tu minti ali Alice. "Ti aestã furnjii ari aua ahăntea lucri ti ceai?" antribã u.

"Ie, tamamu," dzăsi Capelarlu uhtăndalui: "dipriunã easti oara ti ceai, sh nu avemu kiro s'li lãmu lucărli anamisa di ori."

"Ti atsea daima vã anvărtits, dimi?" dzăsi Alice.

"Tamamu acshitsi," dzăsi Capelarlu: "cumŭ lucrărli s'dipisescu."

"Ama tsi s'fatsi anda agiundzets diznău tu ahurhitã?" s'arăki Alice di antribã.

"Minduimu s'alăximu muabetea," tălje zborlu Ljepurlu di Martsu, căscăndalui. "Aesti mi căpăescu. Voiu ca tinira s'nă dzăcă unu pirmithu."

"Nj pari că nu shtiu nitsi unu," dzăsi Alice, ma multu ca lăhtărsitā di aestă căftari.

"Atumtsea prindi s'aspună Durnjiclu!" aurlară doilji.

"Ascoală-ti, Durnjico!" Shi lu kipurară di dauli părtsă di ună oară.

Durnjiclu dischcljisi ocljilji pi anarga. "Nu durnjeamu," dzăsi cu boatsi acătsatā, vrăhnisitā, "avdzăiu cathi zboru tsi dzăsitu."

"Dză nă unu pirmithu!" dzăsi Ljepurlu di Martsu.

"Ie, ti plăcărsescu!" angrică Alice.

"Shi ayunjisea-ti," adăvgă Capelarlu, "i diznău va s'cadz tu somnu pănă s'dipiseshtsă."

"Ună oară sh unu kiro eara trei njits surări," ahurhi Durnjiclu multu ayunjisitu; "sh lă eara numa Elsie, Lacie, shi Tillie; sh băna tu fundulu a unui aputsŭ –"

"Cu tsi băna?" dzăsi Alice, cari daima vrea s'ashtibă ti lucărli ti măcari sh ti beari.

"Băna cu pitmézi," dzăsi Durnjiclu, di cara s'mindui ndoauă minuti.

"Nu putea s'adară ahtari lucru, avdză," băgă oară Alice imirā; "vrea s'lăndzidza."

"Dipu ashi eara," dzăsi Durnjiclu; "*multu* lăndzidi."

Alice vru s'veadă tu minti cumŭ vrea s'eara ahtari bană ahoryea, ama aestu lucru u cicărdăsea multu di multu: ti atsea gri năpoi: "Ama ti tsi băna tu fundulu di aputsŭ?"

"Ljea nica niheamă ceai," dzăsi Ljepurlu di Martsu ali Alice, multu tinjisitu.

"Nu loaiu nica tsiva," lj u turnă Alice antsăpatā, "ashi că nu potu s'ljeau nica niheamă."

"Vrei s'dzăts că nu pots s'ljeai ma *psănu*," dzăsi Capelarlu: "easti efcula s'ljeai *nica niheamă* di tsiva."

"Canã nu tsã cãftã minduiarea *a ta*," dzãsi Alice.

"Cari cãtigurseashti tora?" antribã Capelarlu mãritu.

Alice nu para shtea tsi apandisi s'da: ashi cã lo niheamã ceai sh pãni-cu-umtu sh deapoa s'turnã cãtã Durnjiclu shi difturusi ntribarea. "Ti tsi bãna eali tu fundulu di aputsŭ?" Diznãu Durnjiclu s'mindui ndoauã minuti sh deapoa dzãsi, "Eara unu aputsŭ di pitmézi."

"No-ari ahtari lucru!" Alice ahurhi multu sãrbezã, ama Capelarlu cu Ljepurlu di Martsu grirã "Sh! sh!" shi Durnjiclu bãgã oarã prãmpusitu, "Ma nu putets s'hits pulitipsits, ma ghini dipisits-lu voi pirmithlu."

"Nu, ti plãcãrsescu, grea ninti!" dzãsi Alice multu plicatã; "no-a tsã talju zborlu altã oarã. Cutedzu s'dzãcu cã poa' s'hibã *unã*."

"Unã, dealithea!" dzãsi Durnjiclu cãrtitu. Cumŭ tsi s'hibã, fu di cãbuli s'ducã ma nclo pirmithlu. "Shi acshi aesti treili njits surãri – anvitsa s'ascoatã, avdzã tini –"

"Tsi ascutea?" dzãsi Alice, tsi avea agãrshitã zborlu datu.

"Pitmézi," dzãsi Durnjiclu, aestã oarã fãrã s'minduiascã.

"Voiu unã filgeani latã," tãlje zborlu Capelarlu: "ai s'nã alãximu tuts loclu cu aradã."

Aclo iu zbura, elu s'dusi ma alargu shi Durnjiclu dupu nãsu: Ljepurlu di Martsu lo loclu a Durnjiclui shi Alice dipu fãrã kefi acãtsã loclu a Ljepurlui di Martsu. Mash Capelarlu avu amintaticu ditŭ aestã alãxeari; shi Alice cãdzu di pi calu pi yumaru, dimi Ljepurlu di Martsu lj avea cãrtitã ghiumlu di lapti tu piatu.

Alice nu vru ta s'ulu agudeascã diznãu Durnjiclu, ashi cã ahurhi cu mari angãtanu: "Ama io nu akicãsescu. Di iu u ascutea pitmézea?"

"Pots s'ascots apã ditŭ unu aputsŭ di apã," dzãsi Capelarlu; "ti atsea prindi s'minduescu cã pots s'ascots pitmézi ditŭ unu aputsŭ di pitmézi – eh, glarã?"

71

"Ama eali eara *tu* aputsŭ," dzãsi Alice a Durnjiclui shi s'featsi canda nu avea avdzãtã zborlu ditŭ soni.

"Emu aclo eara li," dzãsi Durnjiclu: "dipu nuntru."

Aestã apandisi ahãntu u ciuldui mãrata Alice, cã lu alãsã Durnjiclu s'pirmithuseascã ca baia oarã fãrã s'ãlj talji zborlu.

"Eali anvitsa s'ascoatã," grea nãpoi Durnjiclu, cãsca shi sh frica ocljilj, cãtse somnulu lu apitrusea; "shi ascoasirã tuti turliili di luyurii tsi ahurhescu cu yrama M –"

"Cãtse cu M?" dzãsi Alice.

"Emŭ cãtse nu?" dzãsi Ljepurlu di Martsu.

Alice tãtsea.

Durnjiclu sh avea ncljisã ocljilj tu aestu kiro shi avea cãdzutã tu somnu; ama, di cara Capelarlu lu kipurã, ansãri ditŭ somnu cu unã tsiurari sh gri nãpoi: "– tsi arhuheashti cu unu M, ca meturã, shi minduiari, shi mileti, shi multi – shtii cã dzãtsemu lucri 'multi di multi' – ai vidzutã vãrãoarã ahtãri lucri ca ascuteari di multi?"

"Dealithea, tora cã mi ntribashi," dzãsi Alice, multu ciulduitã, "nu pistipsescu –"

"Atumtsea, nu prindi s'azburãshtsã," dzãsi Capelarlu.

Aestu purtaticu varvaru antritsea atsea tsi Alice putea s'aravdã: s'mutã multu bãbãitã sh fudzi di aclo: Durnjiclu cãdzu tru oarã tu somnu sh nitsi unu di alantsã nu lo di hãbari cã ea fudzi, tsi cara ea mutri nãpoi ndoauã ori, adãstãndalui giumitati ca nãshi sã lj greascã s'toarnã: tu soni ãlj vidzu anda s'siisea s'ulu bagã Durnjiclu tu giuvgelu di ceai.

"Cumŭ tsi s'hibã, canãoarã nu a mi tornu *aclo*!" dzãsi Alice anda sh loa calea pitu pãduri. "Easti nai ma glãreasca zaifeti cu ceai la cari neshu vãrãoarã tu tutã bana!"

Aclo iu dzãsi aesti, bãgã oarã cumŭ unlu di ponj avea unã ushi tsi dutsea ndreptu nuntru. "Tsi ciudii!" mindui. "Ama

tuti suntu ti ciudii azã. Pistipsescu s'pot s'intru unã sh unã."
Sh dusi nuntru.

Nica unã oarã s'aflã tu unã salã largã ninga unã njicã
measã di geami. "Tora, va s'amu cumandu ma bunu aestã
oarã," sh dzãsi, shi tu ahurhitã lo njica dishcljitoari di
malãmã sh disfeatsi usha di cãtã gãrdinã. Deapoa s'ashtirnu
pi lucru, mãshcã di burecu (avea tsãnutã unã cumatã ngepi)
pãnã s'featsi di unu cotu: deapoa imnã nghiosu tu cãlici: sh
atumtsea – s'aflã tu soni tu mshata gãrdinã, anamisa di
lumbrusiti lilici shi shopati arãts.

CAPLU VIII

Loclu ti Croket
a Vãsiljoanjiljei

$\mathcal{U}$nu trandafilu mari crishtea ninga intrata tu gãr-
dinã: trandfilili a lui eara albi, ama avea aclo trei
gãrdinari siisits s'li ambupseascã tu aroshi. Alice mindui cã
lucurlu eara di ciudii shi s'dusi cama aproapea sã'lj mu-
treascã, sh tamamu anda agiumsi ninga nãshi, lu-avdzã unlu
iu dzãtsea, "Mutrea aua, Tsintsi! S'nu mi aspurcukeshtsã
iara cu buiaua!"

"Nu vreamu," dzãsi Tsintsi, fãrã kefi; "Shapti nj agudi
cotlu."

Truoarã Shapti mutri nsusu sh dzãsi, "Ca harã, Tsintsi!
Tini daima aruts cãbatea pi alantsã!"

"*Tini* ma ghini astup-u!" dzãsi Tsintsi. "U avdzãiu Vãsi-
ljoanjea aseara iu dzãtsea cã vini oara s'tsã talji caplu!"

"Ti tsi furnjii?" dzãsi atselu tsi avea azburãtã protlu.

"Nu-i lucurlu *a tãu*, Doi!" dzãsi Shapti.

"Ee, *a lui* lucru easti!" dzãsi Tsintsi, "sh va-lj dzãcu – cãtse
adusi a mãyirgioanjiljei zãrtsinj di lilici tu locu di tseapi."

74

Shapti arcã mpadi vurtsa sh lo s'dzãcã "Emu, di tuti
strãmbli lucri –" anda lj cãdzurã ocljilj pi Alice, aclo iu
shidea shi lj mutrea, shi s'apreadunã unãshunã: alantsã
mutrirã sh nãshi deanvãrliga sh tuts s'aplicarã pãn' di padi.
    "Dzãtsets-nji, vã plãcãrsescu" dzãsi Alice, niheamã
andirsitã "cãtse li ambupsits aesti trandafili?"
    Tsintsi cu Shapti nu grirã tsiva ama mutrirã pi Doi. Doi
ahurhi cu boatsi apusã, "Emu, tora, vedz tini, kiralinã, aestu
aua prindi s'hibã unu trandafilu aroshu, ama noi alãtusimu
sh bãgãmu unu albu; sh cara Vãsiljoanjea va s'avdã va nã
talje capitli a tutuloru, avdzã tini. Ti atsea, kiralinã, adrãmu
cumu putemu cama ghini, ninti s'yinã aua –" Tu atsea oarã,
Tsintsi, tsi mutrea stri gãrdinã aspãreatu, gri cu boatsi
"Vãsiljoanjea! Vãsiljoanjea!", sh treilji gãrdinari s'arcarã

75

mpadi pi dintsă. S'avdza vrondu di multi cicioari sh Alice
mutri anvărliga, siisită s'veadă Văsiljoanjea.

Prota agiumsiră dzatsi ashkirladz tsi purta ciumădz; năshi
eara plăsats hasu atselj treilji gărdinari, ca lundză sh
ampluceats, cu cicioarli sh cu mănjli tu kiushadz: deapoa
dzatsi arhundadz: aeshtsă eara acupirits di diamanti sh imna
căti doi, idyea cu ashkirladzlji. Dupu năshi yinea taifa a
văsiljadzloru: cu tutu eara dzatsi sh cama njitslji yinea
ansărindalui hărsits, tu preclji: tuts eara stulisits cu ininj.
Deapoa yinea oaspitslji, nai ma multsălj Văsiljeadz sh
Văsiljoanji, sh anamisa di năshi Alice cunuscu Ljepurlu
Albu: aestu azbura ayunjisitu sh siisitu sh sumarădea ti itsi
grea vără, ama tricu sh nu u vidzu. Deapoa yinea Valetslji di
Inimă, cari purta căruna a Văsiljelui pi unu căpitănju
cărmezicu di cadafé; sh dipu tu soni di aestă marii litanii
yinea VĂSILJELU CU VĂSILJOANJEA DI INIMĂ.

Alice eara ca baia ciushuită desi lipsea s'diplusească pi
dintsă hasu ca treilji gărdinari, ama nu putea sh aducă
aminti desi avea avdzătă vără oară ti ahtari aradă ti litanii;
"sh deapoa, tsi felasi di ahtari litanii," s'mindui, "maca
dunjaua tută s'arcă pi dintsă sh nu potu s'u veadă?" Ti atsea
shidzu ndreptu iu eara shi ashtiptă.

Anda litania agiumsi ndreptulu ali Alice, tuts s'dinăsiră di
u mutrea sh Văsiljoanjea dzăsi sertă "Cari easti aestă?" U
dzăsi a Valetlui di Inimă, iara aestu s'aplică sh sumarăsi ti
apandisi.

"Glaru!" dzăsi Văsiljoanji, sh deadi caplu fără s'aravdă shi
s'ashtsă cătă Alice, di gri, "Cumu tsă-lj numa, njică?"

"Numa nj easti Alice, cu tinjii, Mărită," featsi Alice multu
pulitipsită; ama sh dzăsi, "Mutrea, suntu mashi cărtsă ti
agiucari. Nu va s'mi asparu!"

"Sh *aeshtsă*?" dzăsi Văsiljoanjea sh featsi cătă treilji
gărdinari teshi mpadi deanvărliga di trandafilu; cătse, vedz
tini, aclo iu shidea pi dintsă modelu di pi păltărli a loru eara

idyiulu ca alãntoru, nu putea s'dukeascã desi eara gãrdinari icã ashkirladz, icã arhundadz, icã trei di cilimeanjlji a ljei.

"Di iu s'ashtiu *mini*?" dzãsi Alice cu anacrã, pi napandica. "Nu easti *a meu* lucru."

Vãsiljoanjea s'arushi tu fatsã di inati sh di cara u mutri niheam' canda eara vãrã prici, lo s'aurlã "Tãljeats-lji caplu! Tãljeats –"

"Kirãturi!" dzãsi Alice apufusitã sh cu boatsi analtã, iara Vãsiljoanjea armasi mutã.

Vãsiljelu u acãtsã di bratsu sh dzãsi ndirsitu "Bagã eryu, vruta a mea: easti nica njicã!"

Văsiljoanjea sh'ashtsă fatsa cu inati di cătă năsu sh gri a Valetlui "Ashutsă-lj!"

Cu mari ngătanu, Valetlu lj ashtsă cu ciciorlu.

"Mproshtsă!" tsiură Văsiljoanjea cu boatsi, iara treilji gărdinari truoară ansăriră sh ahurhiră s'ancljină dinintea a Văsiljelui, a Văsiljoanjiljei, a taifăljei a văsiljadzloru sh a alăntoru tuts.

"Duri!" kiură Văsiljoanjea. "Mi lo andrala." S'ashtsă deapoa cătă trandafilu sh gri, "Tsi *adrats* aua?"

"Cu tinjii, Mărită," dzăsi Doi multu aplicatu shi s'alăsă pi unlu dzănuclju anda azbura, "vreamu s' –"

"*Vedu!*" dzăsi Văsiljoanjea, cari tu atsea oară pusputea trandafilili. "Tăljeats-lă capitli!" litania dusi ninti, sh trei di ashkirladz armasiră dinăpoi ta s'vatămă lailji di gărdinari, tsi alăgară la Alice ti apanghiu.

"Nu-ari s'hits ashcurtats!" dzăsi Alice, shi lj băgă tu ună ylastră mari tsi s'afla aproapea. Treilji ashkirladz ampăturară ndoauă minuti, lj căftară sh deapoa fără zboru fudziră dupu alantsă.

"Lă loatu capitli?" aurlă Văsiljoanjea.

"Lă li lomu, cu tinjii, Mărită!" aurlară ashkirladzlji ti apandisi.

"Ghini maca!" aurlă Văsiljoanjea. "Shtii croket?"

Ashkirladzlji amutsără sh mutriră pi Alice, cătse ntribarea eara ti ea.

"Ee!" aurlă Alice.

"Yina aua!" vrundui Văsiljoanjea sh Alice s'aliki di litanii, sh cu mintea s'antriba tsi va s'tihisea tora.

"Easti – easti ună dzuu multu mshată!" dzăsi ună boatsi ndirsită di ninga năsă. Imna arada cu Ljepurlu Albu, cari u mutrea cu perieryii tu fatsă.

"Multu," dzăsi Alice: "Iu easti Dukesa?"

"Cama shcurti!" dzăsi Ljepurlu peanarya ama ayunjisitu. Mutri cu frică pisti păltări anda azbura, deapoa s'mută pi dzeaditi sh cu gura ninga ureacḷjea a ḷjei shupurã "Fu crisitã ti amoarti."

"Ti tsi furnjii?" dzãsi Alice.

"Dzãseshi 'Ti amãrtii!'?" antribã Ljepurlu.

"Nu, nu," dzãsi Alice: "Nu pistipsescu cã easti amãrtii. Dzãshu 'Ti tsi furnjii?'"

"U agudi Vãsiḷjoanjea tu urecḷji –" ahurhi Ljepurlu. Alice deadi s'arãdã. "Oh, mãshcã-ts limba!" pushpurã Ljepurlu lãhtãrsitu. "Va ti avdã Vãsiḷjoanjea! Vedz cã ea agiumsi cama amãnatu sh Vãsiḷjoanjea dzãsi –" "Cathi unu tu loclu a lui!" bumbunidzã Vãsiḷjoanjea sh dunjaua ahurhi s'alagã cãtã iutsido, di s'ciucutea unu cu alantu: cumu tsi s'hibã, shidzurã mpadi ti ndoauã minuti sh gioclu ahurhi.

Alice mindui cã puté tu banã nu avea vidzutã ahtari locu ti croket, ti ciudii; eara tutu avlaki sh oahti: topili di croket eara arici yii iara maiurli eara puḷj flamingo, sh ashkerladzḷji lipsi s'adarã dubli shi s'sheadã pi mãnj sh pi cicioari ta s'adarã apuntsã.

Nai ma zori, aflã Alice prota, eara s'ulu urseascã puḷjlu flamingo: putu di sh lu hipsi sh lu uidisi sum'soarã, cu cicioarli aspindzurati, ama, tamamu anda ḷj andripta gusha shi s'andridzea s'agudeascã aricilu cu caplu alushtui, flaminglu s'ashtsã deantreglui sh u mutri ntrocḷji cu ahtari ciuduseari, cã nu putu s'aravdã sh ḷj u deadi arãslu; shi anda ḷj dipusi caplu shi s'andridzea s'ahurheascã diznãu, tsi s'veadã, tora aricilu s'avea dizvãrtitã tutu, sh li cãlea di aclo: ama nafoarã di aesti, avea dipriunã icã unã avlaki, icã unu ohtu calea iu vrea s'ulu pitreacã aricilu, sh, dimi ashkirladzḷji dubli dipriunã s'muta sh fudzea tu alti pãrtsã a loclui, Alice duki ayonjea cã gioclu eara dealithea multu zori ti agiucari.

Giucãtorḷji tuts giuca diunãoarã sh nu sh ashtipta arada, s'ancãcea dipriunã sh s'alumta ti arici; tu shcurtu kiro Vãsiḷjoanjea u acãtsã inatea sh ahurhi s'da cicioarli shi s'aurlā "Tāljeats-lji caplu!", "Tāljeats-lji caplu!" unā oarā tu cathi minutā.

Alice ahurhi s'dukeascā zori: siyura, pān'tora nu s'avea ancāceatā cu Vāsiljoanjea, ama shtea cā aestā putea s'facā tu itsi minutā, "sh deapoa," s'mindui, "tsi va mi patā? Cātu lā ari hari aua ta s'talji capitli a dunjauāljei; mi ciudusescu cā ari nica tsi bāneadzā!"

Mutrea deanvārliga s'aflā vārā cali s'ascapā shi s'ciudusea cumu s'adarā s'nu u veadā canā, anda bāgā oarā tsiva ninga nividzutu tu aerā: prota s'ciushui multu, ama, di cara mutri ndoauā minuti, duki cā eara unu sumarāsu shi sh dzāsi "Cātusha di Cheshire easti: tora va s'amu cu cari s'azburāscu."

"Cumu tsā fudzi lucurlu?" dzāsi Cātusha, anda gura lj si fānārsi isa cātu u lipsea ti azburari.

Alice adăstă di s'fănărsiră sh ocljilj, sh deapoa featsi cu noima. "Nu-ari hăiri s'azburăscu cu ea," s'mindui, "pănă s'nu s'fănărsescă urecljili, icã una di eali." Tu alantă minutã caplu ntregu inshi tu miidani sh deapoa Alice alăsă mpadi flaminglu, sh ahurhi s'da giuiapi ti giocu, multu hărsitã cã vărã u asculta. Cătusha canda s'minduia cã duri s'videa sh nu mata ascoasi altutsiva tu videalã.

"Nu pistipsescu cã năshi gioacă tinjisits," ahurhi Alice, canda plăndzea, "sh tuts s'ancaci ti puvrii, cã nu pots s'avdzã nitsi tsi greshtsă tini – sh nu au ici aradă: sh cara s'aibã, canu nu u tinjiseashti – sh nu pots s'mindueshtsă cumu ti ciushuescu tuti lucărli atseali yiili: ti paradiymã, ari unã apunti pi sumu cari va s'trecu anda negu di alantă parti a loclui ti agiucari – sh lipsea s'aveamu croketatã aricilu ali Văsiljoanji tamamu tora, mashi cã puntea fudzi anda vidzu cã yinea aricilu!"

"Cumu tsã lo hari Văsiljoanjea?" dzăsi Cătusha peanarya.

"Canã turlii," dzăsi Alice: "easti di dipu –" Tamamu atumtsea băgă oarã cã Văsiljoanjea lj shidea tu păltări sh asculta: sh ti atsea dzăsi "– nai ma buna, dimi ea va s'amintã, nu fatsi s'giucămu păn'tu dipisitã."

Văsiljoanjea sumarăsi sh tricu ma nclo.

"Cu cari *zburăshtsă*?" dzăsi Văsiljelu cătă Alice sh mutri caplu ali Cătushi multu perieryu.

"Cu unã soatsã – unã Cătushi di Cheshire," dzăsi Alice: "s'ts u prezintu."

"Nu mi ariseashti ici prosuplu a ljei," dzăsi Văsiljelu: "ama poa'sã'nj bashi măna ma s'va."

"Nu nj si va," featsi Cătusha.

"S'nu hii fărã prosupu," dzăsi Văsiljelu, "sh nu mi mutrea ashi!" S'ascumsi dupu Alice anda azbura.

"Unã cătushi poati s'mutrească unu văsiljé," dzăsi Alice. "Vidzuiu tu unã carti, ama nu thimisescu iu."

"Prindi s'u loats di aua," dzãsi Vãsiljelu multu apufusitu; sh gri ali Vãsiljoanji, tsi tritsea preaclo tu atsea oarã, "Vruta mea! Voiu s'u fats defi aestã cãtushi!" Vãsiljoanjea avea mashi unã turlii ta s'andreagã keaditsli, mãri icã njits. "Tãljeats-lji caplu!" dzãsi sh nitsi nu mutri anvãrliga.

"Io va lu caftu gealatlu," dzãsi ayunjisitu Vãsiljelu sh fudzi anyii.

Alice mindui cã putea s'toarnã ta s'veadã cumu s'dutsea gioclu, anda avdzã di aynanghea cumu Vãsiljoanjea aurla cu inati. U avea avdzãtã cumu cumãndusea s'hibã vãtãmats trei di giucãtori cã avea kirutã arada sh nu u arisea ici cumu s'dutsea gioclu, cu ahtari mintiturã cã puté nu putea sã shtibã cãndu lj yinea arada. Ashi cã dusi sã sh caftã aricilu.

Aricilu eara acãtsatu tu unã alumtã cu altu ariciu, iara Alice vidzu tu aestã furnjia ta sã lj ciucuteascã croketeadzã unu di alantu: avu mbodyiu cã flaminglu a ljei s'avea dusã di alantã parti di gãrdinã, iu Alice lu videa cumu s'vãtãma s'azboairã vãrã turlii pi unu pomu.

Anda acãtsã flaminglu sh lu adusi nãpoi, doilji arici u avea dipisitã alumta sh s'avea faptã afanj: "ama nu cãrteashti ici," mindui Alice, "cã tora sh apuntsãli fudzirã di aestã parti." Ashi cã lu hipsi sum'soarã ta s'nu tsiva di ascapã diznãu shi s'turnã ta s'adarã nica niheamã muabeti cu soatsã-sa.

Anda s'turnã la Cãtusha di Cheshire armasi ciudusitã s'aflã mirmiru du inshi adunats anvãrliga di aestã: s'dipira aclo gealatlu, Vãsiljelu sh Vãsiljoanjea sh azbura tuts dinãoarã, iara alantsã nu grea zboru sh nu sh afla uidia.

Tu oara tsi vini Alice, tuts treilji lj grirã ta s'andreagã cãvgãlu sh tuts sh aspunea ponlu, ama tuts azbura diunãoarã sh ti Alice fu zori mari ta s'dukeascã tsi dzãtsea nãshi.

Gealatlu angrica cã nu putea s'talje unu capu tsi nu avea trupu di cari s'lu dispartã: cã nãsu canãoarã nu avea adratã ahtari pãnã atsea dzuuã, sh cã nu vrea s'ahurheascã tu *aestã* oarã.

Vãsiljelu angrica cã itsi lucru tsi ari capu poati s'aibã caplu tãljatu, sh cã nu astrãxea glãriŋj.

Vãsiljoanjea angrica cã ma s'nu s'adra unãshunã, ea vrea s'dãmãndã s'talje capitli a tutuloru deanvãrliga. (Cu aestã ditu soni adusi puvrii sh trãmãndanã ti tuts.)

Alice nu putea s'minduiască tsiva altu di "Prindi s'da apandisi Dukesa: antribats-*u* ti aesti."

"Easti tu ahapsi," dzăsi Văsiljoanjea a gealatlui: "adu-u aua." Sh gealatlu fudzi ca upuritu.

Caplu ali Cătushi ahurshi s'keară tu oara iu aestu fudzea, sh anda s'turnă cu Dukesa, caplu s'featsi afanu: ashi că Văsiljelu cu gealatlu loară s'alagă ca ayri nsusu shi nghiosu ta s'ulu află, iara alantsă sh fudziră năpoi la giocu.

C A P L U   IX

Pirmithlu a Broascãljei ti Axaryu

"*N*itsi nu shtii tsi mi hãrsescu s'ti vedu diznãu, njicudzanca-nj!" dzãsi Dukesa ali Alice, u lo di brats cu vreari sh fudzirã deadunu.

Alice s'hãrsi s'u aflã pi ahtari kefi shi s'mindui cã vahi kiperlu u avea adratã ahãtu ayrã anda s'cunuscurã tu cuzinã.

"Anda *io* va s'hiu unã Dukesã," sh dzãsi, (ama nu para pistipsea s'hibã), "nu-ari s'aibã *ici* kiperu tu cuzina a mea. Supa s'adarã bunã fãrã – Vahi di la kiperu s'aprindi ashi dunjaua," dzãsi deapoa, multu hãrsitã cã aflã unã turlii di aradã, "sh di la puscã s'adarã acri – sh di la camomilã s'adarã pilonju – shi – sh di la bambonj sh alti ahtãri cilimeanjlji suntu dultsi vluisits. Cara s'ashtea dunjaua *aesti*: nu-ari s'eara ahãtu scljinci cu eali, avdzã –"

U avea di dipu agãrshitã Dukesa tu aestu kiro sh armasi niheamã ciudusitã anda lj avdzã boatsea ninga ureaclji. "Ti mindueshtsã la tsiva, durutã, sh ti atsea ti agãrshishi

s'aburăshtsă. Tora nu po's'tsă dzăcu tsi morală ari, ama va
nj aducu aminti truoară."

"Vahi nitsi unã," s'arăki Alice.

"Nu, nu, fiticã!" dzăsi Dukesa. "Tuti lucărli au unã morală,
mashi s'pots s'u afli. Shi azburăndalui s'hipsi cama aproapea
di Alice.

Alice nu para u arisea s'u aibã ahãtu aproapea: prota, cãtse
Dukesa eara *multu* urutã; sh deapoa, cãtse eara ahãtu analtã
cãtu sã sh adrupascã grunjlu di pãltarea ali Alice, sh grunjlu
u antsăpa sh u ambudyisea. Ama dimi nu vrea s'li aspargã cu
nãsã: u străxi cumu putu.

"Gioclu va s'ducă ghini tora," dzăsi ta s'da cali ti muabeti.

"Ashi," dzăsi Dukesa: "iara morala easti – 'Oh, vrearea, vrearea, ea u minã dunjeaua!'"

"Vărnu ari dzăsă," pushpurã Alice, "cã s'fatsi anda cathi unu sh'mutreashti lucurlu!"

"Ah, dipu ashi! Dzătsi idyiulu lucru," dzăsi Dukesa, sh adra guvă cu grunjitslu ansuligosu tu păltarea ali Alice sh adăvgă, "iara morala ti *aestă* easti – 'S'u ai angătanu noima, iara tonurli va sh aibă singuri angătanu'."

"Cătu s'hărseashti s'află morală tu lucri!" mindui Alice.

"Nj pari cã hii ciudusitã cã nu ti acatsu di mesi cu bratslu," dzăsi Dukesa dupu niheamă: "itia easti cã nu shtiu tsi tabaeti ari flaminglu a tău. S'dau cali ti experimentu?"

"Poa's'ti măshcã," apăndăsi Alice afiritã, cătse nu avea miraki s'adară aestu experimentu.

"Dealithea," dzăsi Dukesa: "emu flamindzălj emu sinapea măshcã. Sh morala easti – 'Gortsulu sumu gortsu cadi'."

"Ama sinapea nu easti gortsu," băgă oară Alice.

"Tamamu, ca daima," dzăsi Dukesa: "tsi ghini li uidiseshtsă tini lucărli!"

"Easti unu mineralu, *pistipsescu*," dzăsi Alice.

"Siyura easti," dzăsi Dukesa, etimă s'hibă simfuni cu tsi dzătsea Alice: "aua aproapea ari unã mademi mari di sinapi. Iara morala easti – 'Ma mari mademea, ama ma psănă a ta'."

"Oh, shtiu!" kiurã Alice, fãrã s'avdã atseali ditu soni, "Eesti unu argavanu. Nu sh u adutsi, ama easti argavanu."

"Hiu dipu simfuni," dzăsi Dukesa; "iara morala easti – 'Tsi vrei tini s'hibă' – icã ma vrei cama apló – 'Puté s'nu ti vedz altã turili di cumu poati s'ti aspunj ti alantsă cã tsi earai icã vrea s'earai nu fu altã turlii di cumu fushi vrea s'lă pãrea aloru cã fushi aljumtrea'."

"Va akicăseari cama," gri Alice multu pulitipsitã, "ma s'u amu anyrăpsitã: ama ashi cumu u dzăseshi nu u loaiu di hãbari."

"Aestã nu easti tsiva, ama cãti potu s'aspunu, ma s'voiu," apãndãsi Dukesa ca pi kefi.

"Rigeai, nu ti stinuhursea s'u dzãts cama lungã," dzãsi Alice.

"Oh, tsi stinuhurseari!" dzãsi Dukesa. "Va tsã facu pishkesi tuti tsi li dzãshu pãn'tora."

"Eftinã pishkesi!" mindui Alice. "Mi hãrsescu cã nu da ahtãri pishkesi ti dzuua di amintari!" Ama nu s'arãki s'u dzãcã cu boatsi.

"Pali mindueshtsã?" antribã Dukesa sh iara u antsãpã cu grunjitslu ansuligosu.

"Amu ndreptu s'minduescu," dzãsi antsãpatã Alice, cã tora acãtsa s'hibã niheamã stinuhursitã.

"Tamamu ahtari ndreptu," dzãsi Dukesa, "ca portsãlj ta s'azboairã; shi m—"

Ama aua, ti marea ciuduseari ali Alice, boatsea ali Dukesi s'asteasi, tamamu tu mesi di zborlu a ljei vrutu 'moralã,' sh bratslu ligatu di a ljei ahurhi s'treamburã. Alice mutri nsusu sh aclo shidea Vãsiljoanjea dinintea a loru, cu bratsãli ngurtsulati, antunicatã ca unã furtunã.

"S'u ai bunã dzuua, Mãritã!" ankisi Dukesa cu boatsi apusã, slabã.

"Tora, va tsã dau hãbari," aurlã Vãsiljoanjea sh bãtu locu cu cicioarli anda dzãsi; "icã tini icã a tãu capu voru ashcurtari tu giumta'di kiro! Aleadzi!"

Dukesa aleapsi sh s'difusi ntroarã.

"Ai tora s'agiucãmu," dzãsi Vãsiljoanjea ali Alice; ama Alice, multu lãhtãrsitã ta s'greascã, peanarya dusi dupu nãsã tu loclu ti croket.

Alantsã oaspits s'hãrsirã cã Vãsiljoanjea avea fudzitã shi s'discurma tu aumbrã: ama tu oara tsi u vidzurã, s'ayunjisirã s'toarnã la giucari, ama Vãsiljoanjea bãgã eryu cã unã minutã ma s'amãna, aeshtsã va u pãltea cu bana.

Tutu kirolu anda nãshi giuca, Vãsiljoanjea nu dinãsi di vãryeari alantsã giucãtori sh di aurlari "Tãljeats-lji caplu!" Crisitslji eara loats di ashkirladz, cari ti ahtari lucru sh alãsa rolu a loru di apuntsã, ashi cã dupu vãrã sihati sh disã nu-avea armasã nitsi unã apunti, sh tuts giucãtorlji, nafoarã di Vãsiljelu, di Vãsiljoanjea sh di Alice, eara tu ahapsi sh cu cãrari ti executari.

Deapoa Vãsiljoanjea fudzi sh zorlea adiljea, sh dzãsi ali Alice, "U vidzushi pãn'tora Broasca ti Axaryu?"

"Nu," dzãsi Alice. "Nitsi nu shtiu tsi easti Broasca ti Axaryu."

"Di ea s'adarã supa di Broasca ti Axaryu," dzãsi Vãsiljoanjea.

"Nu-amu vidzutã, nitsi nu-amu avdzãtã," dzãsi Alice.

"Yina, tora" dzãsi Vãsiljoanjea, "sh ea va tsã lu dzãcã pirmithlu."

Aclo iu imna deadunu, Alice lu avdzã Vãsiljelu iu dzãtsea peanarya ti tuts deadunu, "Tuts hits ljirtats." "Mutrea, *tsi* lucru bunu!" sh dzãsi, cãtse eara nvirinatã di cãti vãtãmãri avea dãmãndatã Vãsiljoanjea.

Multu ayonea deadirā di unu Grifonu, tsi durnjea tesu tu soari. (Ma s'nu shtii tsi easti Grifonlu mutrea cadurlu.) "Ascoalā-ti, lināvoase!" dzāsi Vāsiljoanjea, "sh du u kiralina s'veadā Broasca ti Axaryu, shi sā'lj avdā pirmithlu. Io prindi s'mi tornu s'mutrescu niscānti executāri tsi dāmāndaiu;" shi sh'lo calea, iara Alice armasi singurā cu Grifonlu. Alice nu para u arisi mutrita a priciljei, ama s'mindui tu soni cā va s'hibā cama asfālisitā ma s'sheadā cu nāsu di s'fugā cu ayra Vāsiljoanji: ashi cā ashtiptā.

Grifonlu s'asculā shi sh frica ocljilj: deapoa u mutri Vāsiljoanjea pānā s'featsi afanā: deapoa arāsi. "Tsi gimbushi!" dzāsi Grifonlu, disā ti nāsu, disā ti Alice.

"*Tsi* gimbushi easti?" dzāsi Alice.

"Emu, *nāsā*," dzāsi Grifonlu. "Ahtari miraki ari: ama canāoarā nu vatāmā vārnu. Ai tora!"

"Tuts dzācu 'ai tora!' aua," mindui Alice, imnāndalui peanarya dupu nāsu: "Io puté nu fuiu ashi cumāndusitā tu bana a mea, puté!"

Nu-agiumsirā alargu anda vidzurā Broasca ti Axaryu aynanghea, nvirinatā sh singurā, iu shidea mpadi pi unā keatrā sh anda s'aprukearā, Alice putu s'u avdā iu suskira canda va lj si arupea inima. U acātsā unā njilā mari. "Tsi caimó ari?" antribā ea Grifonlu. Sh Grifonlu apāndāsi canda cu idyili zboarā di ma ninti, "Ahtari miraki ari: nu-ari canu caimó, avdzā. Ai tora!"

Ashi cā dusirā pān'di Broasca ti Axaryu, cari lj mutri cu ocljilj māri mplinj di lācārnji, ama nu gri tsiva.

"Aestā kiralinā aua," dzāsi Grifonlu, "va s'tsā shtibā pirmthlu, aestā va."

"Va lj lu dzācu," dzāsi Broasca ti Axaryu cu boatsi apusā, cufkisitā: "Shidets doilji mpadi sh nu grits tsiva pānā s'dipisescu."

90

Ashi că shidzură mpadi sh canu nu gri ma multi minuti. Alice s'mindui, "Nu vedu cumu va u dipisească, maca nu ahurheashti." Ama adăstă cu arăvdari.

"Unu kiro," dzăsi Broasca ti Axaryu tu soni sh uhtă ditu frăndzăli di hicati, "earamu Broască ti dealithea."

Dupu aesti zboară nu s'avdza tsiva, mash niscăntiori Grifonlu silighea sonuri ca "Hjckrrh!", sh dipriună suskirărli ahăndoasi ali Broască ti Axaryu. Alice cătu vrea s'mută mproastă shi s'dzăcă, "Haristo, kirauă, ti pirmithlu a tău ti anami," ama tutu s'minduia că va s'hibă tsiva *ma multu* cama nclo, ashi că shidea fronimă sh nu grea tsiva.

"Anda earamu njits," gri tu soni Broasca ti Axaryu, cama isihă, ama sh suskira niheamă au ash aclo, "nidzeamu la sculii tu amari. Dascală eara ună Broască moashi – ălj dzătseamu Broască cu Casă –"

"Cătse lj dzătseats Broască cu Casă, ma nu eara ahtari?" antribă Alice.

"Lj dzăseamu Broască cu Casă cătse nă anvitsa," dzăsi Broasca ti Axaryu cărtită: "Nj si aură dipu di tini!"

"S'tsă hibă arshini că ntreghi ahtari lucru apló," adăvgă Grifonlu; sh deapoa mutsără doilji sh u mutrea mărata Alice, di lj yinea s'higă tu locu. Tu soni Grifonlu lj dzăsi a Broascăljei ti Axaryu, "Ninti, cumbară! Nu ti shintea ună dzuuă ntreagă!", sh atsea dusi ninti: –

"Ie, nidzeamu la sculii tu amari, sh tini vahi nu pistipseshtsă –"

"Nu dzăshu nu!" lj tălje zborlu Alice.

"Dzăseshi," gri Broasca ti Axaryu.

"Astup-u!" adăvgă Grifonlu, ninti s'grească Alice tsiva. Broasca ti Axaryu dusi ninti.

"Aveamu nai ma buna prăxeari – cathi dzuuă nidzeamu la sculii –"

"Sh io neshu ună dzuuă la sculii," dzăsi Alice. "Nu-ari ti tsi s'hii ahănta pirifană."

"Cu sihăts extra?" antribă Broasca ti Axaryu niheamă minduită.

"Ie," dzăsi Alice, "anvitsămu limba frăntsească sh muzică."

"Sh larea?" dzăsi Broasca ti Axaryu.

"Aestă nu!" dzăsi Alice antsăpată.

"Ah! Ama atsea a voastă nu eara ună sculii bună," dzăsi Broasca ti Axaryu lishurată. "La a *noastă*, aveamu tu dipisita di isapi, 'frăntseasca, muzica *sh larea* – extra'."

"Nu para vrushi multu," dzăsi Alice, "bana pi fundulu di amari."

"Nu aveamu paradz ti aesti," dzăsi Broasca ti Axaryu sh suskirã. "Nidzeamu mashi la sihătsli di aradă."

"Tsi eara aesti?" antribã Alice.

"Adyeafurari sh Zuyrăpseari, tu ahurhitã," apăndăsi Broasca ti Axaryu; "sh deapoa alanti lumăki di Aritmeticã – Apuneari, Ascuteari, Urutidzari sh Dispărtsari."

"Nu-amu avdzătã ti 'Urutidzari'," s'arăki Alice. "Tsi easti?"

Grifonlu sh mutã doauli cicioari di ciudii. "Canã oarã nuari avdzătã urutidzari!" tsiurã. "Minduescu cã shtii tsi easti mushutsarea?"

"Ie," dzãsi ca minduitã Alice: "easti – atsea – s'adari – tsiva – ma mshatu."

"Emu, tora," gri Grifonlu, "ma nu shtii tsi easti urutidzari, hii unã glarecicã."

Alice nu mata avu anacrã s'antreabã alti: ashi cã s'ashtsã cãtã Broasca ti Axaryu, sh dzãsi "Sh tsi altu anvitsats?"

"Emu, avea Mistiryió," apăndisi Broasca ti Axaryu, sh ahurhi s'misurã pi dzeaditi, – "Mistiryió, vecļju sh modernu, cu Amarigrafii: deapoa Azvurnuiari – dascalu ti Azvurnuiari eara unu congru aushu, tsi yinea unã oarã tu stămãnã: elu nã anvitsa Azvurnuiarea, Tindearea sh Lishinarea tu culats."

"Ca tsi eara aestã?" dzãsi Alice.

"Emu, nu po's'tsã aspunu io tora," dzãsi Broasca ti Axaryu: "Hiu dipu limnusitã. Iara Grifonlu nu u ari anvitsatã."

"Nu-aveamu kiro," dzãsi Grifonlu: "Io nidzeamu la dascalu di Clasicã, cu tutu cã. Eara unu crabu aushu, eara."

"Canã oarã nu neshu la nãsu," suskirã Broasca ti Axaryu. "Nãsu eara ti Arhundeasca sh ti Ndultseasca, dzãtsea dunjaua."

"Dealithea, eara," suskirã sh Grifonlu; tora doauli priciuri sh ascumsirã prosuplu cu dzeaditli.

"Sh cãti sihãts n dzuuã anvitats?" dzãsi Alice, ayunjisitã s'alãxeascã muabetea.

"Dzatsi sihãts tu prota dzuuã," dzãsi Broasca ti Axaryu: "noauã tu alantã, sh ashi ma nclo."

"Tsi planu ahoryea!" gri cu boatsi analtã Alice.

"Ti atsea lã dzãcu dzãli misurati," dzãsi Grifonlu: "cãtse s'misurã unã dupu alantã."

Aestã idée eara noauã ti Alice, shi s'mindui niheamã ninti s'greascã. "Atumtsea dzuua unãsprã' vrea s'eara ti arihati?"

"Siyura eara," dzãsi Broasca ti Axaryu.

"Sh cumu u andridzeats tu dosprãdzatsea?" Alice aryãsea.

"Duri cu aestã muabeti," tãlje zborlu Grifonlu apufusitu. "Aspuni tsiva ti giocuri tora."

CAPLU X

Ceamculu-Homaru

roasca ti Axaryu suskirã ditu hicati sh mutã unlu cicioru pãn' di oclji. U mutri Alice sh vru s'azburascã, ama ti ndoauã minuti suskirãrli lj apitrusirã boatsea. "Canda ari unu osu tu grumadzu," dzãsi Grifonlu; sh acãtsã s'ulu ascuturã shi sã'lj da bushi tu pãltãri. Tu soni Broasca ti Axaryu sh andreapsi boatsea, shi, cu lãcãrnjili shopatu dusi ninti: –

"Vahi nu ai bãnatã multu tu amari –" ("Ici," dzãsi Alice) "– sh vahi puté nu cunuscushi unu homaru –" (Alice deadi s'dzãcã "Unã oarã gustaiu –" ama s'apridunã ayonjea sh dzãsi "Nu, canã oarã") "– ashi cã nu tsã ai hãbari tsi lucru ti harauã easti unu Ceamcu-Homaru!"

"Nu, ici," dzãsi Alice. "Tsi turlii di coru easti?"

"Emu," dzãsi Grifonlu, "prota va s'adrats ca unu bairu mardzina di amari –"

"Doauã bairi!" gri Broasca ti Axaryu. "Ontarilj, broashti cu casã, salmonj sh alti: deapoa, di cara va s'curi calea di meduzi –"

"*Aestã* va tsiva kiro," tãlje zborlu Grifonlu.

95

"– fats doauã jgljoati ninti –"

"Cathi unu ari unu homaru ca sotsu!" gri Grifonlu.

"Siyura," dzãsi Broasca ti Axaryu: "doauã jgljoati ninti, deapoa la sots –"

"– alãxea homarlu sh deapoa nãpoi tu idyea aradã," dipisi Grifonlu.

"Deapoa, avdzã," featsi Broasca ti Axaryu, "aruts –"

"Homarlu!" aurlã Grifonlu, sh ansãri nsusu.

"– cãtu pots cama alargu tu amari –"

"Anoatã dupu nãsu!" zghili Grifonlu.

"Pisti capu tu amari!" tsiurã Broasca ti Axaryu, ansãrindalui ca ayrã.

"Alãxea pali homarlu!" kiurã Grifonlu cu boatsea nai ma mutata.

"Nãpoi pi arinã shi – aestã fu prota figurã," dzãsi Broasca ti Axaryu, cu boatsea dinãcali apusã; sh doauli priciuri, di cara avea ansãritã tu aestu kiro ca zurli, shidzurã mpadi iara dipu anvirinati sh fronimi sh mutrirã pi Alice.

"Aestu dansu vahi s'hibã multu mshatu," dzãsi Alice andirsitã.

"Vrei s'vedz niheamã ca tsi easti?" dzãsi Broasca ti Axaryu.

"Voiu multu," dzãsi Alice.

"Yina, s'adrãmu prota figurã!" dzãsi Broasca ti Axaryu a Grifonlui. "Putemu sh fãr'di homaru, avdzã. Cari va s'cãntã?"

"Oh, cãntã *tini*," dzãsi Grifonlu. "Io li agãrshiiu zboarãli."

Ashi cã ahurhirã dansulu pisimu anvãrliga di Alice, cãti vãrã oarã u cãlca pi dzeaditi anda tritsea dipu aproapea sh bãtea ritmolu cu cicioarli di dininti, iara Broasca ti Axaryu cãnta ashi, multu tinjisitã sh anvirinatã: –

"Va ti ayunjiseshtsã niheamã?" dzãsi unu albu pescu a unui zmelciu.

"Yini aproapea unu marsuinu, di mi calcã pi coadã.

Ia tsi siisits homarlji cu broashtili cu casã trecu dininti!
Adastã pi kitritseali – va s'yinj s'giots cu noi?
> *Va s'yinj, nu-ari s'yinj, va s'yinj, nu-ari s'yinj, va*
> *s'giots cu noi?*
> *Va s'yinj, nu-ari s'yinj, va s'yinj, nu-ari s'yinj, va*
> *s'giots cu noi?*

"Pots dealithea s'nu shtii cã ti harauã va s'hibã
Anda nã mutã sh nã arucã, cu homarlji, dipu tu amari!"
Ama zmelciulu apãndãsi "Multu alargu!" sh mutri
> *afiritu –*
Hãristusi multu a albului pescu, ama nu s'acatsã ncoru.

Nu va s', nu poati, nu va s', nu poati, nu va s'acatsă
ncoru.
Nu va s', nu poati, nu va s', nu poati, nu va s'acatsă
ncoru.

"Ari simasii cătu alargu va neamu?" sotslu pescu
apăndăsi.
"Ari altă mardzină, avdză tini, di alantă parti.
Multu ma nclo di Anglii sh cama aproapi di Frăntsii –
Nu ti găilipsea, vrute zmelcio, ama yina, acatsă-ti ncoru.
Va s'yinj, nu-ari s'yinj, va s'yinj, nu-ari s'yinj, va
s'giots cu noi?
Va s'yinj, nu-ari s'yinj, va s'yinj, nu-ari s'yinj, va
s'giots cu noi?

"Haristo, fu unu dansu ti harauă ti mutreari," dzăsi Alice multu hărsită că s'avea dipisită păn'tu soni: "sh mi arisi sh canticle ti ciudii cu albulu pescu!"

"Oh, ti albulu pescu," dzăsi Broasca ti Axaryu, "atselj – 'lj vidzushi, dimi?"

"Ie," dzăsi Alice, "Lj amu vidzută multi ori ti tsin—" ama avrapa s'apreadună.

"Nu nj amu hăbari iu easti Tsin," dzăsi Broasca ti Axaryu, "ama ma s'lj ai vidzută multi ori, siyura shtii ca tsi suntu."

"Pistipsescu," apăndisi minduită Alice. "Sh au coadili tu guri – sh suntu pispilits cu sărmi."

"Alătuseshtsă cu sărmili," dzăsi Broasca ti Axaryu: "sărmili s'la tu amari. Ama dealithea *au* coadili tu guri; itia easti –" aua Broasca ti Axaryu căscă shi sh ancljisi ocljilj. "Dză-lj tini itia sh tuti alanti," gri cătă Grifonu.

"Itia easti," dzăsi Grifonlu, "că elj vrea s'ducă cu homarlji la coru. Ti atsea s'arcară tu amari. Sh cădzură ca baia cali. Ti atsea lipsea să sh adună coadili tu guri. Ta s'nu poa's'li ascoată altă oară. Aesti sh tuti."

"Haristo," dzãsi Alice, "multu interesantu. Nu shteamu pãn'tora ahãntea ti albulu pescu."

"Po's'ts'aspunu cama multi, ma s'vrei," dzãsi Grifonlu. "Shtii ti tsi u ari numa albu pescu?"

"Nu mi amu minduitã," dzãsi Alice. "Ti tsi?"

"*Adarã pudimati sh pãputsã*," dzãsi Grifonlu cu mãreatsã. Alice fu di dipu ciushuitã. "Adarã pudimati sh pãputsã!" difturusi cu boatsi ciudusitã.

"Emu, cu tsi suntu adrati pãputsãli *a tali*?" dzãsi Grifonlu. "Voiu s'dzãcu, tsi li adarã di anghilicescu?"

Alice li mutri shi s'mindui niheamã ninti s'da apandisi. "Pistipsescu cã suntu dati cu buiauã laie."

"Pudimatli sh pãputsãli tu amari," Grifonlu u dipusi boatsea, "suntu adrati cu buiauã albã. Tora u shtii."

"Sh di tsi suntu adrati?" antribã Alice cu mari perieryii.

"Di altsã peshtsã, dimi," apãndãsi Grifonlu ca fãrã arãvdari: "itsi crevetu putea s'tsã u dzãcã."

"Ma s'earam io albulu pescu," dzãsi Alice, cu mintea la cãnticu, "vrea lj'dzãtseamu a marsuinlui, "Nãpoi, rigeaie: nu *ti* vremu cu noi!""

"Lipsea s'ulu aibã cu nãshi," gri Broasca ti Axaryu: "nitsi unu pescu mintimenu nu fudzi iuva fãrã unu marsuinu."

"Nu dealithea?" dzãsi Alice cu boatsi multu ciudusitã.

"Dim' tsã dzãcu," gri Broasca ti Axaryu. "Mutrea, cara s'yinã la mini unu pescu shi sã'nj dzãcã cã fudzi alargu, io prindi sã'lj dzãcu 'Cu cari marsuinu?'"

"Nu vreai s'dzãts 'marsinu'?" gri Alice.

"Voiu s'dzãcu atsea tsi dzãcu," apãndisi cãrtitã Broasca ti Axaryu. Iara Grifonlu adãvgã "Ai tora, s'avdzãmu tsiva di *a tali* patimati."

"Potu s'vã spunu patimatli a meali – ahurhinda di azã tahina," dzãsi Alice niheamã andirsitã: "ama nu-ari ti tsi s'mi tornu aseara, cãtse atumtsea earamu altã insã."

"Aspuni ti tsi," dzãsi Broasca ti Axaryu.

"Nu, nu! Prota patimatli," aryăsea Grifonlu: "cu tuti exiyisili va s'kiremu multu kiro."

Ashi că Alice ahurhi s'lă pirmithusească patimatli a ljei di oara tsi lu avea prota vidzută Ljepurlu Albu. Prota eara ca găilipsită, cătse doauli priciuri s'avea multu aprukeată di ea, cathi una din una parti cu ocljilj sh cu gurili ahăta căsacati, ama sh featsi curaiu di oara tsi ahurhi. Năshi u asculta sh nu grirā tsiva pānă agiumsi la partea iu spunea cumu ea u difturusi *"Hii aushu, Fende William"* ti Unjidă, cumu zboarăli lj yinea anapuda; atumtsea Broasca ti Axaryu sh trapsi adiljeaticlu păn' tu hicati sh dzăsi "Multu ti ciudii."

"Ma mari di ahtari ciudii nu-ari altă," dzăsi Grifonlu.

"Tuti yinea anapuda!" difturusi Broasca ti Axaryu minduită. "Prindi s'u ascultu tora cumu difturuseashti altu tsiva. Dză-lj s'ankisească." Ea mutri pi Grifonu canda s'minduia că aestu avea cama lj-u putea ali Alice.

"Mută-ti mproastă sh dză *'Aestă easti boatsea a linăvoslui'*," dzăsi Grifonlu.

"Ia mutrea li pricili cumu dămăndă sh caftă s'lă dzăts tsi anvitsashi!" mindui Alice. "Canda hiu la sculii." Ama s'mută pi cicioari sh lo s'aspună poema, ama mintea lj eara tutu la Ceamculu-Homaru sh ti atsea nitsi nu avdza tsi dzătsea, iara zboarăli lj yinea ceangali-mangali: –

"Aestă easti boatsea a Homarlui: lu avdzăiu anda dzăsi
'Mi cupseshi căpsală, va nj lu ungu perlu cu zahari.'
Ca papca cu căpăkili di oclji, năsu cu narea lj
Sh dinjică bārnulu sh nasturlji, ashutsă dzeaditli di cioari.
Anda arina tută s'uscă, s'hārsi ca pulju tsi tsiură,
Sh azbura cu nārli trapti, ca ti pezā, ti Lamnji:
Ama, anda kimatli s'mutară iara lămnjili s'aprukeară,
Boatsea lj trimbura andirsită."

"Altã turlii u dzãtseamu *io* anda earamu cilimeanu," dzãsi Grifonlu.

"'Tea tini, canã oarã nu u amu avdzãtã," dzãsi Broasca ti Axaryu; "ama canda easti unu trastu di kirãturi."

Alice nu gri; avea shidzutã mpadi cu fatsa tu mãnj, gãilipsitã desi lucãrli vrea s'tihisea vãrãoarã cum lã eara arada.

"Vreamu s'lu avdu exiyisitu," dzãsi Broasca ti Axaryu.

"Nu poa's'exiyiseascã," dzãsi Grifonlu ayunjisitu. "Dzã tora alantu cupletu."

"Ama dzeaditli di cicioari?" angricã Broasca ti Axaryu.
"Cumu *putu* di li ashtsã cu narea, avdzã?"
"Ashi ahurheashti corlu," dzãsi Alic; ama eara di dipu ciushuitã di tuti aesti sh caftan s'alãxeascã muabetea.
"Ai tora cu defturlu cupletu," aryãsea Grifonlu: "ahurheashti cu *'Tritseamu pitu gãrdina a lui'*."
Alice nu-avu anacrã s'ancusteadzã, cu tutu cã dukea cã tuti va s'fugã anapuda, ama ahurhi cu boatsi trimburatã: –

"Tritseamu pitu gãrdina a lui, sh vidzuiu fãrã s'mutrescu,
Cumu Buflu cu Pantera sh ampãrtsa unã pitã:
Pantera lo peturlu di suprã, cu dzamã, cu carni,
Iara Buflu armasi cu phiatlu ca parti di uspetsu.
Anda pita s'dipisi, Buflu avu, di pi suprã
Ca doarã, izini ta s'bagã ngepi lingura:
Pantera apruké cãtsutlu cu bunela sh aurlã,
Sh zaifetea s'dipisi cu –"

"Tsi hãiri cã li dzãts diznãu tuti," lj curmã zborlu Broasca ti Axaryu, "maca nu dai exiyisi anda li dzãts? Ahtari mintiturã puté nu-amu vidzutã!"
"Ie, sh io dzãcu s'u fats defi," dzãsi Grifonlu: iara Alice multu lj si featsi kefea sh li deadi di padi.
"S'adrãmu sh altã figurã di Ceamculu-Homaru?" gri pali Grifonlu. "Icã vrei s'tsã cãntã Broasca ti Axaryu altu cãnticu?"
"Oh, unu cãnticu, ti plãcãrsescu, ma s'hibã Broasca ti Axaryu ahãtu bunã," apãndãsi avrapa Alice iara Grifonlu dzãsi ca antsãpatu, "Hm! Cathi unu cu tsi lu-ariseashti! Cãntã ti ea *'Supa di Broascã cu Casã'*, simfuni, soatsã nj?"
Broasca ti Axaryu suskirã ditu hicati sh ahurhi, cu boatsi astãljeatã di plãngu, ta s'cãntã: –
"Mshata Supã, mplinã sh veardi,
Adastã tu cinii upuritã!

Ti ahtari buneatsã cari nu-a s'dinãseascã?
Supã ti tsinã, ti mushuteatsã Supã!
Supã ti tsinã, ti mushuteatsã Supã!
   Muu – shaatã Suu – pãã!
   Muu – shaatã Suu – pãã!
Suu – pãã ti tsi – i – nã,
  Mshatã, mshatã Supã!

"Mshata Supã! Cari s'va tora pescu,
Giocu, icã altã mãcari?
Cari nu-a s'da tuti alanti mashi
ti ndoi pãrãgits di mshata Supã?
Ti ndoi pãrãgits di mshata Supã?
   Muu – shaatã Suu – pãã!
   Muu – shaatã Suu – pãã!
Suu – pãã ti tsi – i – nã,
  Mshatã, msha – TÃ SUPÃ!"

"Tuts deadunu!" tsiurã Grifonlu, iara Broasca ti Axaryu cãtu avea ahurhitã s'difturuseascã, anda zborlu "Ahurheashti crisea!" s'avdzã di alargu.

"Yina tora!" gri Grifonlu, u acãtsã Alice di mãnã shi s'ayunjisi s'fugã, nica nidipisitu cãnticlu.

"Tsi crisi easti?" Alice alãga sh sufla greu; ama Grifonlu apãndisi mashi "Ai tora!" sh s'ayunjisi nica ma multu, iara zboarãli nvirinati s'avdza tutu cama alargu, adusi di vimtulu tsi yinea dupu nãshi: –

  "Suu – pãã ti tsi – i – nã,
   Mshatã, mshatã Supã!"

CAPLU XI

Cari li Furã Tartili?

Anda nãshi agiumsirã, Vãsiljelu cu Vãsiljoanjea di Inimã shidea mpadi pi stoalili a loru, anvãrligats di multu lao – tuti turliili di pulj njits sh di priciuri, sh di tuti cãrtsãli ti agiucari: dinintea a loru, Valetlu shidea mprostu, di cathi parti cu unu ashkirlã tsi lu avigljea; iara ninga Vãsiljelu eara Ljepurlu Albu, tu una mãnã cu unã burazani, iara tu alantã cu unã vilari di pergamentu. Dipu tu mesi de uboru avea unã measã, analtu pi ea unu discu mplinu cu tarti: ahãnta buni aspunea, cã Alice u acãtsã foamea mashi tsi li mutri – "Vreamu s'u avea dipisitã crisea," s'mindui, "sh s'avea kirnisitã dunjaua!" Ama s'pãrea cã nu avea ahtari tihi; ti atsea ankisi di li mutrea tuti anvãrliga, ta sã lj treacã oara.

Canãoarã Alice nu s'avea dusã tu unã salã ti crisi pãnã atumtsea, ama avea adyivãsitã ti ahtari lucru tu cãrtsã, sh ti atsea s'hãrsi cã shtea numa ti tuti tsi s'videa aclo. "Aesti easti giudiclu," sh dzãsi, "cãtsea poartã unã piruclji mari."

S'nu mi agãrshescu, giudiclu eara Vãsiljelu; sh dimi u purta cãruna pisuprã di piruclji (mutrea cadurlu di pi

104

cāpakea di carti ma s'vrei s'vedz cumu adrā) nu aspunea ici uidisitu, sh nitsi pirifanu.

"Sh aua easti boxa cu giuratslji," mindui Alice, "sh aesti dosprā' plāsati," (lipsea s'dzācā "plāsati", vedz tini, cātse niscānti di eali eara prici, ama alti eara pulj,) "nj pari cā suntu pareea tsi giudicā." Li dzāsi atseali ditu soni zboarā ninga ndoauā ori, cā s'mārea: s'minduia, sh cu diki, cā psāni fititsi di idyea ilikii u shtea noima alushtoru zboarā. Ama shi zborlu "oaminj tsi giudicā" bunu vrea s'eara.

Dosprās'li ditu paree tuts anyrāpsea siisits pi ploaci. "Tsi adarā lj?" ciuciurā Alice cātā Grifonlu. "Nica nu-ari tsiva ti tritseari tu tifteri, cātse giudicolu nitsi nu ahurhi."

"Sh trecu aclo numa," apāndāsi ciuciurāndalui Grifonlu, "di fricā s'nu li agārsheascā ninti s'dipiseascā crisearea."

"Lucri di glari!" ahurhi Alice cārtitā, pi anarya; ama s'dināsi ayonjea, cātse Ljepurlu Albu gri cu boatsi "Isihii tu avlii!" iara Vāsiljelu sh bāgā yiliili sh mutri cu angātanu deanvārliga ta s'veadā cari azbura.

Alice putu s'veadā, hasu canda mutrea pisti pāltārli a loru, cā tuts ditu pareea tsi giudicā bāga pi ploaci "Lucri di glari!" sh bāgā oarā cā unlu di nāshi nu shi shtea yramili ti "glari", sh cā antriba vitsinlu cumu s'adarā. "Tsi mintiti ploaci va s'aibā nica nidipisitā crisearea!" mindui Alice.

Unlu ditu pareea tsi giudicā avea unu mulivu tsi cārtsānea. Nitsi aestā Alice *nu* putea s'u aravdā sh dusi anvārliga di uboru sh agiumsi dupu nāsu sh tu niheam'di oarā aflā culaie di lj lu lo. Ahānta ayonjea u adrā, cā māratlu njicudzancu tsi giudica (Sāhāriki eara, Gushturitsa) nu putu ici s'dukeascā tsi s'featsi; ashi cā, di cara lu cāftā iutsido, armasi s'anyrāpseascā tutu kirolu tsi armasi, cu unlu dzeaditu; ama tsi hāiri, tsiva, cātse dzeaditlu nu alāsa toari pi ploaci.

"Tilalu, adyivāsea cātiyursirea!" dzāsi Vāsiljelu.

Aua Ljepuru Albu suflā trei ori burazanea sh deapoa disfeatsi vilarea di pergamentu sh adyivāsi pi aradā: –

"Văsiljoanjea di Inimă adră niscănti tarti,
Veara, ună dzuuă mari mari:
Valetlu di Inimă li fură tartili,
Sh alargu li măstrăpsi!"

"Dats verdictu," gri Văsiljelu cătă giurats.

"Nu nica, nica nu!" ansări Ljepurlu. "Va multu păn' s'agiundzemu aua!"

"Grea a protlui marturu," dzăsi Văsiljelu; iara Ljepurlu Albu suflă trei ori burazanea sh gri cu boatsi, "Protlu marturu!"

Protlu marturu eara Capelaru. S'apruke tu una mănă cu ună filgeani cu ceai sh tu alantă cu ună cumată di păni cu umtu. "Ljirtats-mi, Mărite," ahurhi, "că adushi aesti aua: ama nu nj aveamu diipsită ceaia and nj griră aua."

106

"Prindea s'li aveai dipisitã," dzãsi Vãsiljelu. "Cãndu ahurhishi?"

Capelaru mutri pi Ljepurlu di Martsu, cari yinea dinãpoi tu uboru, brats tu brats cu Durnjiclu. "Pa'sprã'li di Martsu, nj pari," dzãsi.

"Tsi'sprã'li," dzãsi Ljepurlu di Martsu.

"Sha'sprã'li," adãvgã Durnjiclu.

"Bãgats pi ploaci," dzãsi Vãsiljelu cãtã giurats, sh aeshtsã siisits anyrãpsirã treili dati pi plocili a loru sh deapoa li adunarã deadunu, sh apandisea u tricurã tu liri sh pãrãgits.

"Mpadi capela," dzãsi Vãsiljelu cãtã Capelaru.

"Nu easti a mea," dzãsi Capelaru.

"*Furatã!*" aurlã Vãsiljelu cãtã giurats, sh aeshtsã unã sh unã u featsirã lafi pi ploaci.

"Li amu ti avindeari," adãvgã ti exiyisi Capelaru: "Nitsi unã nu easti a mea. Io hiu capelaru."

Aua Vãsiljoanjea sh bãgã yiliili sh lo s'mutreascã pi Capelaru, cari s'avea alghitã tu fatsã sh nu lu-acãtsa loclu.

"Aspuni prova," dzãsi Vãsiljelu; "sh nu ti adu ashi, icã va s'bagu s'ti executã tu minutã."

Aesti nu lj deadirã ici anacrã a marturlui: s'alãsa tora pi unlu cicioru, deapoa pi alantu, mutrea aspãreatu cãtã Vãsiljoanjea sh di ciushuiari mãshcã ca baia di filgeana di ceai tu locu s'mãshcã di pãnea cu umtu.

Tamamu tu atsea oarã, Alice duki tsiva tsi u ciushui nica ma multu pãnã akicãsi tsi eara: avea ahurhitã s'creascã diznãu sh prota s'mindui s'mutã shi s'fugã ditu avlii; ama deftura mindui sh lo apofasi s'armãnã iu eara cãtu nica u ancãpea loclu.

"Tsi ti aduts ashi," dzãsi Durnjiclu, di iu shidea arada. "Nitsi nu potu s'adilju."

"Nu po's'adaru tsiva," dzãsi Alice multu vluisitã: "Crescu."

"Nu-ai ndreptu s'creshtsã *aua*," dzãsi Durnjiclu.

"Tsi kirãturi dzãts," s'ancucutã Alice: "shtii cã sh tini creshtsã."

"Ie, ama *io* crescu tu unu ritmu uidisitu," dzãsi Durnjiclu: "nu ahtari ti arizili." Shi s'mutã mprostu multu prãmpusitu sh tricu di alantã parti di uboru.

Tu aestu kiro, Vãsiljoanjea tutu mutrea pi Capelaru, sh tamamtu anda Durnjiclu tricu di alantã parti, dzãsi cãtã unlu di ofitserlji ditu uboru, "Adu nj lista atsiloru tsi cãntarã tu contsertulu ditu soni!" iara lailu di Capelaru lo ahãnta s'treamburã, cã lj cãdzurã doauli pãputsã.

"Aspuni prova," s'nãrãi Vãsiljelu sh difturusi, "ma s'nu, va s'bagu s'ti executã, nevricó icã nu."

"Hiu unu omu oarfãnu, Mãrite," ahurhi Capelarlu, cu boatsi trimburatã, "sh nu nj ahurhiiu ceaia – nu di ndoauã stãmãnj – sh ti pãnea cu umtu dipriumã cama subtsãri – sh cumu ceaia cingãrnea –"

"*Tsi* cingãrnea?" dzãsi Vãsiljelu.

"*Prota* ceaia," apãndãsi Capelarlu.

"Dimi cingãrnearea *ahurheashti* cu C!" dzãsi Vãsiljelu antsãpatu. "Mi ai ti glaru? Ai tora!"

"Hiu unu omu oarfãnu," gri pali Capelarlu, "sh nai ma multili lucri s'cingãrnea   deapoa – mashi   cã Ljepurlu di Martsu dzãsi –"

"Io nu!" s'ayunjisi Ljepurlu di Martsu.

"Ie, tini!" dzãsi Capelarlu.

"Io arnisescu!" dzãsi Ljepurlu di Martsu.

"Arniseashti," dzãsi Vãsiljelu: "alas'u atsea."

"Eh, cumu tsi s'hibã, dzãsi Durnjiclu –" Capelarlu mutri

diznău deanvărliga cu angătanu, ta s'veadă maca Durŋjiclu vrea s'arnisească sh aestă: ama Durŋjiclu nu arnisea tsiva, avea cădzută tu somnu.

"Deapoa," sh mutri calea Capelarlu, "tăļjaiiu nica niheamă pãni cu umtu –"

"Ama tsi dzãsi Durŋjiclu?" antribă unlu di giurats.

"Ici nu-nj aducu aminti," dzãsi Capelarlu.

"*Prindi* s'tsă aduts," bãgă oarã Vãsiļjelu, "ma nu, va ti executu."

Lailu di Capelaru lj cãdzură mpadi filgeanea di ceai sh pãnea cu umtu, sh cãdzu sh nãsu pi unlu dyãnuclju. "Hiu unu omu oarfãnu, Mãrite," ahurhi.

"Hii *multu* oarfãnu tu *azburari*," dzãsi Vãsiļjelu.

Aua unlu di cobai kiură sh fu unãshunã mãstrãpsitu di unlu di ofitserļji ditu uboru. (Dimi zborlu easti urutu, va vã exiyisescu cumu u adrã. Nãshi avea unu trastu mari di pãndzã, cu gura streasă cu ciori: aua lu hipsirã cobailu, cu caplu ninti, sh deapoa shidzură pisuprã.)

"Hiu hãriosu cã vidzuiu cumu adarã," mindui Alice. "Ahãntea ori adyivãseamu tu fimiridhi, anda dipisea crisirli. 'Vãrã vrea s'batã pãlnjili, ama avrapa lu mãstrãpsea ofitser-ļji ditu uboru,' sh canãoară pãnã tora nu akicãseamu tsi vrea s'dzãcã."

"Macã mashi ahãntea shtii ti aestî, pots s'shedz mpadi," gri nãpooi Vãsiļjelu.

"Nu po's'dipunu cama," dzãsi Capelarlu: "Hiu isa cu loclu."

"Tora po's'shedz *mpadi*," lj u turnã Vãsiļjelu.

Aua sh alantsă cobai kiurară, sh furã mãstrãpsits.

"More, ashi va lj dipiseascã tuts cobaii!" mindui Alice. "Tora lucurlu va s'fugã ambaru."

"Canda nj dipisiiu ceaia," dzãsi Capelarlu, cu mutrită aspãreatã cãtã Vãsiļjoanjea, cari adyivãsea lista a cãntãtor-loru.

"Po's'fudz," dzāsi Vāsiljelu, iara Capelarlu li cāli pi ayunii sh nitsi nu s'shinti sā sh bagā pāputsāli.

"– sh tāljeats lji caplu nafoarā," adāvgā Vāsiljoanjea cātā unlu di ofitserlji: ama pān's'agiungā ofitserlu la ushi, Capelarlu s'avea faptā afanu.

"Grea-lu alantu marturu!" dzāsi Vāsiljelu.

Alantu marturu eara māyirgioanjea ali Dukesi. Tsānea tu mānā cutia cu kiperu, sh pān's'agiungā tu uboru, Alice duki cari eara, cātse laolu di ninga ushi ahurhi s'astirnuteadzā dinācali.

"Dā prova," dzāsi Vāsiljelu.

"Nu voiu," dzāsi māyirgioanjea.

Vāsiljelu mutri ciudusitu cātā Ljepurlu Albu, cari gri, peanarya, "Tini Mārite, cu *aestu* marturu prindi s'fats interogatoru."

"Emu, maca prindi, prindi," dzāsi Vāsiljelu ca nvirinatu, deapoa sh angurtsulā bratsāli sh u mutri māyirgioanjea cu niorlji, di nu mata lj si videa ocljilj, sh dzāsi cu boatsi apusā, "Di tsi suntu adrati tartili?"

"Ma multu di kiperu," dzăsi măyirgioanjea.

"Pitmézi," dzăsi ditu somnu unã boatsi di dinăpoi.

"Dinăsits-lu Durnjiclu!" aurlă Văsiljoanjea. "Ashcurtats-lu Durnjiclu! Avinats-lu Durnjiclu nafoară ditu uboru! Măstrăpsits-lu! Astrindzets-lu! Tăljats-lji mustătsli!"

Ti ndoauă minuti uborlu tutu fu mintitu, lu avinară Durnjiclu, sh pãn' shidzură mpadi arihati diznău, măyirgioanjea s'avea faptă afană.

"Tsiva nu-ari!" dzăsi Văsiljelu, ca lishuratu di unu gailé.

"Grea-lj alăntui marturu." Sh adăvgă cătă Văsiljoanji cu disă di boatsi, "Tora, vruta nj, prindi s'fats interogatoru *tini* cu aestu marturu. Mi lo unu ponu di frămti!"

Alice mutrea cumu căfta pitu listă Ljepurlu Albu, perieryă s'veadă ca tsi turlii va s'hibă alantu marturu, "– cătse nu para avea provi *pãn'tora*," sh dzăsi. Minduits-vă tsi apurisită fu anda Ljepurlu Albu adyivăsi cu boatsea lj tsiurată numa "Alice!"

CAPLU XII

Prova ali Alice

"Aua!" gri Alice, cã s'avea agãrshitã tu atsea oarã ayunjisitã tsi mari avea criscutã tu atseali minuti ditu soni, sh ansãri cu ahãta ahti cã azvurnui cu mardzina di fustani boxa cu giurats, di tuts giuratslji s'arcutirã pisti capitli a laolui di dighiosu shi s'diplusirã teshi, sh ea thimisi globlu cu peshtsã di malãmã tsi lu-avea cãrtitã fãrã s'va unã stãmãnã ninti.

"Oh, rigeai s'mi ljertsã!" gri multu kicusitã sh ahurhi s'lj adunã di mpadi cãtu cama ayonjea, cãtse catandisea a peshtsãloru di malãmã lj si fãnãrsi deadunu cu idéea cã vrea adunari unãshunã sh bãgari nãpoi tu boxa ti giurats, cã taha altã turlii vrea s'murea tuts.

"Crisea nu poa's'ducã ninti," featsi Vãsiljelu cu boatsi ahãndoasã, "ma s'nu hibã tuts giuratslji tu loclu a loru – *tuts*," difturusi cu ahti, sh anda grea u mutrea Alice fuvirosu.

Alice mutri cãtã boxa a giuratsloru sh vidzu cã, di ayunjiseari, u avea bãgatã Gushturitsa cu caplu nghiosu, iara aestã bãtea coada anvirinatã, cãtse nu putea sã s'mutã. Avrapa u ascoasi di aclo sh iara u bãgã, ama cumu lipsea;

"nu-ari ca'shti simasii," sh dzãsi; "Ti crisi ari *idyea* felasi sh unã turlii, sh alantã."

Anda giuratslji sh vinirã tu ori dupu trãmãndanã, sh di cara plocili a loru cu mulivili lã furã dati nãpoi, s'ashtirnurã tuts froninj pi lucru ta s'u anyrãpseascã isturiia a trãmãndaniljei, mashi Gushturitsa s'pãrea di dipu surpatã sh mashi shidea cu gura dishcljisã sh mutrea nsusu duvanea.

"Tsi shtii ti ahtari lucru?" dzãsi Vãsiljelu cãtã Alice.

"Tsiva," dzãsi Alice.

"*Dipu* tsiva?" angricã Vãsiljelu.

"Di dipu tsiva," dzãsi Alice.

"Lucru ti anami," dzăsi Văsiljelu, ashtsătu cătă giurats. Năshi cătu avea ahurhită s'li anyăpsească aesti pi ploaci, anda Ljepurlu Albu curmă zborlu: *"Făr'*anami, dimi vrei s'dzăts, Mărite," dzăsi cu mari tinjilji, ama sertu, sh tutu fătsea cu noima.

*"Făr'*anami, dimi, ashi," dzăsi Văsiljelu ayunjisitu, sh deapoa cu disă di boatsi mashi ti elu, "ti anami – făr'anami – făr'anami – ti anami –" canda vrea s'veadă cari zboru asuna cama uidisitu.

Niscăntsă di giurats anyrăpsiră "ti anami", altsă "făr'-anami". Alice dimi eara ca baia aproapea, putu s'mutrească tsi avea pi ploaci; "ama nu ari ici simasii," s'mindui.

Tu-aestă oară, Văsiljelu, tsi avea anyrăpsită niheamă siisitu tu carnetlu a lui, gri "Isihii!" sh lo s'adyivăsească, "Muca-demi Patrudzătsădoi. *Tuts atselj ma năltsă diună milă s'fugă nafoară."*

Tuts mutriră pi Alice.

"Io nu hiu analtă ună milă," dzăsi Alice.

"Hii," dzăsi Văsiljelu.

"Anvărglia de doauă mili," adăvgă Văsiljoanjea.

"Ee, ma, nu-ari s'fugu, itsi s'hibă," dzăsi Alice: "ma multu, aestă nu easti ună mucademi di aradă: tini u scărfăsishi tora."

"Easti nai ma veaclji mucademi ditu carti," dzăsi Văsiljelu.

"Macă ashi, prindi s'hibă luyursită ca Prota," dzăsi Alice.

Văsiljelu alghi tu fatsă sh ancljisi avrapa cartea. "Dats verdictu," lă dzăsi a giuratsloru cu boatsi trimburatădă, apusă.

"Ninga ashtipămu provi, ti plăcărescu, Mărite," ansări multu ayunjisitu Ljepurlu Albu; "cătu agiumsi cartea aestă."

"Tsi dzătsi?" gri Văsiljoanjea.

"Nica nu u disfeciu," dzăsi Ljepurlu Albu, "ama s'pari că easti ună carti nyrăpsită ditu ahapsi ti – ti vără."

"Ashi prindi," dzăsi Văsiljelu, "ma s'nu eara anyrăpsită ti vărnă ici, ama ashi nu s'fatsi, avdză tini."

"Ti cari easti?" dzăsi unlu di giurats.

"Nu aspuni," dzãsi Ljepurlu Albu; "dealihtea, nu anyrãp-
seashti tsiva *nafoarã.*" Disfeatsi cartea anda azbura, sh
adãvgã "Nu easti unã carti, s'veadi: easti unu bairu di
catreni."

"Suntu anyrãspiti di mãna a hãpsãnaticlui?" antribã altu
di giurats.

"Nu, nu suntu li," dzãsi Ljepurlu Albu, "tsi lucru ti ciudii."
(Giuratslji tuts s'mutrirã ciushuits.)

"Vahi ari anyrãpsitã ca altu vãrã," dzãsi Vãsiljelu. (Tuts
giuratslji sh vinirã tu ori.)

"Ma s'vrei Tini Mãrite," dzãsi Valetlu, "nu u anyrãpsii io,
iara nãshi nu poa's'da provã cã io u adraiu: nu-ari numã
ipuyrãpsitã tu soni."

"Ma nu u ipuyrãpsishi," dzãsi Vãsiljelu, "lucurlu easti
cama laiu. *Prindi* cã vrushi s'adari lucru pseftu, altã turlii
vrea s'ipuyrãpseai ca itsi omu tinjisitu."

Tuts deadunu bãturã mãnjli ti aestã: ear protlu lucru
mintimenu dzãsu di Vãsiljelu atsea dzuuã.

"*Provã* cã easti cãbati, dimi," dzãsi Vãsiljoanjea: "ahi cã,
loats-li – ."

"Nu easti provã ti tsiva ici!" dzãsi Alice. "Emu, nitis nu
avets hãbari ti tsi easti zborlu!"

"Adyivãsea-li," dzãsi Vãsiljelu.

Ljepurlu Albu sh bãgã yiliili. "Di iu s'ahurhescu, Tini
Mãrite?" antribã.

"Ahurhea ditu ahurhitã," dzãsi Vãsiljelu multu angricatu,
"sh fudz ninti pãn'tu dipisitã: aclo dinãsea-ti."

Tuts amutsãrã tu uboru, iara Ljepurlu Albu adyivãsi aesti
cupleti: –

> "*Nj dzãsirã cã niseshi la nãsã,*
> *Sh azburãshi ti mini cu nãsu:*
> *Ea nj deadi bunã tabaeti,*
> *Ama dzãsi cã nu po's'anotu.*

Elu lă pitricu zboru că nu fudziiu
(Shtimu că dealithea ashi fu):
Macă ea prindi s'u facă lafea,
Tsi va ti pată tini?

Lj dedu ună, năshi deadiră doauă,
Tini dideshi trei ică ma multi;
Tuts s'turnară di la năsu la tini,
Ama ninti fură a mei.

Ma s'hiu io ică năsă cu tihi
Misticats tu aestă emburlăki,
Ari pisti că va lj alashi s'fugă,
Tamamu cumu nă earamu.

Nj pari că tini tsă fushi
(Ninti s'u andreagă năsă)
Unu ambodyiu tsi vini anamisa
Di elu, di noi, di ahtari lucru.

Nu lu alasă s'aibă hăbari că lj va,
Ma multu va s'hibă daima
Unu mistico ti tuts alantsă,
Anamisa di tini sh di mini."

"Aestă easti nai ma ti simasii provă tsi avemu avdzătă păn'tora," sh frică mănjli Văsiljelu; "ashi că tora alasă giuratslji – "

"Ma s'poată unu di năshi s'exiyisească," dzăsi Alice, (avea criscută ahănta tu minutili ditu soni, că nu mata s'aspăre să'lj curmă zborlu,) "va lj dau shasi părăgits. *Io* nu pistipsescu s'aibă vără noimă tu aesti."

Tuts giuratslji anyrãpsirã pi ploaci, "*Nãsã* nu pistipseashti s'aibã vãrã noimã tu aesti," ama nitsiunu nu avu anacrã s'exiyiseascã tsi avea tu carti.

"Maca nu-ari noimã," dzãsi Vãsiljelu, "ascãpãmu di multu pidimó, avdzã tini, cãtse nu mata prindi s'nã vãtãmãmu s'u cãftãmu. Ama tutu nu shtiu," dzãsi sh asprãndi cupletili pi dzãnuclji, li mutri cu unlu oclju; "canda vedu unã noimã tu eali. '– *dzãsi cã nu po's'anotu –*' nu po's'anots, ashi?" adãvgã ashtsãtu cãtã Valetu.

Valetlu featsi cu caplu anvirinatu. "Nu videts cumu hiu?" dzãsi. (Dealihtea nu putea, cã eara tutu adratu di carti groasã.)

"Pãn'tora, ai diki," dzãsi Vãsiljelu; sh acãtsã iara s'ciuciurã di cupleti preayalea: "'*Shtimu cã dealithea ashi fu*' – giuratslji, dimi – '*Macã ea prindi s'u facã lafea*' – aestã va hibã Vãsiljoanjea – '*Tsi va ti patã tini?*' – Emu, tsi! – '*Lj dedu unã, nãshi deadirã doauã*' – emu, aua vahi tsi adrã cu tartili, avdzã tini –"

Ama dusi ninti cu *"tuts s'turnară di la năsu la tini'*," dzăsi Alice.

"Emu, tora tamamu aua!" anăkisi Văsiljelu sh featsi cătă tartili di pi measă. "Ma limpidu di *ahătu* nu-ari. Deapoa mutrea *'ninti s'u andreagă năsă'* – vărăoară nu li *andredz*, vruta nj, dimi?" dzăsi cătă Văsiljoanjea.

"Canăoară!" sh Văsiljoanjea astăljeată arcă unu călămaru cătă Gushturitsă. (Mărata njică Săhăriki s'avea dinăsitã di anyrăpseari cu unu dzeaditu pi ploaci, cătse avea dukitã cã nu alăsa toari; ama tora s'turnă ayunjisitã tu lucru, cu milani, sh aestă lo di lj cura pi fatsă nghiosu, pănă s'dipisi.)

"Atumtsea zboarăli nu ti *andregu*," sumarăsi Văsiljelu, sh mutri deanvărliga di uboru. Tuts tătsea ca mortsă.

"Adraiu unã shicaie!" adăvgă Văsiljelu cu inati, sh tuts arăsirã. "Giuratslji s'mutreascã s'da verdictu," dzăsi Văsiljelu, ti yinghitsa oară atsea dzuuă.

"Nu, nu!" dzăsi Văsiljoanji. "Sentintsa prota – verdictulu deapoa."

"Glărinj sh kirături!" gri Alice cu boatsi. "Tsi idée s'ai prota sentintsa!"

"Măshcă-ts limba!" dzăsi Văsiljoanjea, apreasă tu prosupu.

"Nu voiu!" dzăsi Alice.

"Tăljeats-lji caplu!" aurlă Văsiljoanjea ditu cipita di boatsi. Vărnu nu s'minã.

"Cari *ti* ljea ti tamamu?" dzăsi Alice (avea criscută tu boia a ljei tora.) "Hits tsiva, mashi unã paketi di cărtsă ti agiucari!"

Tora tutã paketea s'mutã nsusu sh lo di azbuira stri caplu a ljei; năsă azghili shcurtu, disă di fricã sh disă di inati, sh lo sã lj agudeascã shi s'află iu shidea teasă pi canapé, cu caplu mpoala a sor'sai, cari imirã avina frăndzăli uscati cădzută di pi ponj pi fatsa lj.

"Ascoală-ti, Alice vrută!" dzăsi sor'sa; "Emu tsi multu durnjishi!"

"Oh, tsi yisu ti ciudii!" dzăsi Alice. Sh lo di lj aspusi a sor'sai, ashi cumu thimisea, tuti atseali patimati ti ciuduseari tsi tora tini li adyivăseai; sh di cara dipisi, sor'sa u băshe sh dzăsi, "Dealithea ti ciudii yislu, durută; ama tora fudz ti ceai: s'adră amănatu." Ashi că Alice s'mută sh fudzi, sh anda alăga s'minduia, cumu putea, tsi yisu ti miraki fu atselu.

Ama sor'sa armasi aclo iu shidea, cu caplu andrupătu pi mănă, mutrea soarli iu ascăpita shi s'minduia la njica Alice sh la tuti patimatli a ljei ti ciudii, păn'ahurhi sh năsă s'anyiseadză, ama nu cu idyea uxii, sh ahtari fu yislu tsi vidzu: –

Prota, u anyisă njica Alice: nica unã oarã mănjli suptsări eara adusi pi dzănuclji sh ocljilj anghilicioshi siisits mutrea nsusu cătă năsă – putea s'avdă tuti opsili tsi loa boatsea a ljei shi s'veadă cumu sh ascutura caplu ta să sh tsănă perlu ti ciudii tsi daima lj intra ntroclji – sh aclo iu asculta tu isihii, ică taha asculta, deanvărliga anyeară atseali plăsări ti ciudii ditu yislu a ma njicăljei sor'.

Iarba mari firfiridzá mpadi anda Ljepurlu Albu tricu alăgăndalui preacló – Shoariclu aspăreatu tritsea aspurcu-kindalui pitu balta di ma clo – putea s'avdă cingărnirea di filigeani la tsina daima nidipisită a Ljepurlui di Martsu sh a sotsloru a lui, sh boatsea grăndinată a Văsiljoanjiljei tsi dimănda s'hibă executats lailji di oaspits – nica unã oarã purtsiclu stirnuta pi dzănucljili ali Dukesi, iara phiatli sh ciniili s'frăndzea deanvărliga – nica unã oarã azghilearea a Grifonlui, cărtsănearea a mulivlui ali Gushturitsă pi ploaci, sh apitrusearea a cobailui măstrăpsitu, tuti umplură urecljili, misticati cu suskirărli di alargu a măratăljiei Broască ti Axaryu.

Ashi că shidzu mpadi, cu ocljilj ncljishi, sh mashi giumitati pistipsea că era tu Văsilia ti Ciudii, ama shtea că ma să-lj dishcljidea, tuti diznău vrea s'alăxea, va s'turna naevea tu lumea săcăldăsită – iarba vrea s'eara mashi di vimtu firfiridzată, balta vrea s'mina tu kimatli njits a vuljearlui, iara kiurărli grăndinati a Văsiljoanjiljei vrea s'eara boatsea a picurarlui – iara stirnutarea a njiclui, azghilearea a Grifon-lui, sh tuti alanti tsi s'avdza ti ciudii vrea s'alăxea (u shtea) cu vrondulu mintitu ditu siisita avlii di la hoară – iara botsli a prãvdzãloru aynangea vrea s'ljea loclu a suskirãrloru ahãndoasi ali Broascã ti Axaryu.

Dipu tu soni, vidzu cu mintea cumu njica lj sorã, dupu unu kiró, va s'hibã unã feaminã tinirã; sh cumu va sh tsãnã, tu ilikia tricutã inima disfaptã shi mplinã di vreari ca anda eara fiticã; sh cumu va s'adunã deanvãrliga di nãsã altsã ficiurits sh va *lã* facã ocljilj s'anyiliceascã di miraki cu multi ti ciudii isturii, vahi shi cu yislu ti Vãsilia ti Ciudii di unã zãmani; sh cumu va li dukeascã ponurli a loru, sh cumu va s'aflã arihati tu hãrserli a loru, sh va s'thimiseascã dzãlili di vearã mplini di harauã di anda sh eara njicã.

Alice's Adventures in Wonderland, by Lewis Carroll, 2015

Through the Looking-Glass and What Alice Found There,
by Lewis Carroll 2009

Alice's Adventures in Wonderland, illus. June Lornie, 2013

Alice's Adventures in Wonderland, illus. Mathew Staunton, 2015

A New Alice in the Old Wonderland,
by Anna Matlack Richards, 2009

New Adventures of Alice, by John Rae, 2010

Alice Through the Needle's Eye, by Gilbert Adair, 2012

Wonderland Revisited and the Games Alice Played There,
by Keith Sheppard, 2009

Alice's Adventures under Ground, by Lewis Carroll, 2009

The Nursery "Alice", by Lewis Carroll, 2010

The Hunting of the Snark, by Lewis Carroll, 2010

The Haunting of the Snarkasbord, by Alison Tannenbaum,
Byron W. Sewell, Charlie Lovett, and August A. Imholtz, Jr, 2012

Snarkmaster, by Byron W. Sewell, 2012

In the Boojum Forest, by Byron W. Sewell, 2014

Murder by Boojum, by Byron W. Sewell, 2014

Alice's Adventures in Wonderland,
Retold in words of one Syllable by Mrs J. C. Gorham, 2010

𐐂𐑊𐐮𐑅'𐑅 𐐂𐐼𐑂𐐯𐑌𐐽𐐲𐑉𐑆 𐐮𐑌 𐐎𐐲𐑌𐐼𐐲𐑉𐑊𐐰𐑌𐐼,
Alice printed in the Deseret Alphabet, 2014

Alice's Adventures in Wonderland,
Alice printed in Dyslexic-Friendly fonts, 2015

ᐱ_ᓌᓴ'ᓴ ᐱᐅ ⁄ᓰ||| ⏌ᖵᓴᓀ ᐟ|| ᐱ ᐅ⋋ ᓴ‗ᓰᐱᓌ ⋁⁄ᓌ||ᐅᓀᖵ-
‗ᐱ||ᐅ, *Alice* printed in a font that simulates Dyslexia, 2015

𝕱𝕷 𝕵𝕸𝕶𝕷𝕴𝖄 𝕽𝕱𝖁𝕿𝕷𝕶 𝕴𝕷𝕱𝕸𝕴,
Alice printed in the Ewellic Alphabet, 2013

'Ælısız Əd'ventʃəz ın 'Wʌndə,lænd,
Alice printed in the International Phonetic Alphabet, 2014

Alis'z Advnčrz in Wundland,
Alice printed in the Ñspel orthography, 2015

°⎍ᒪ‗ᒪᓀᒣ °⎍ᒣ°⋮ᓀᒣ⎍ᒣ°°ᒣᓀᒥ ‗⎍ ⁼ᒣ⎍⎍ᒣᓀᒣ⎓
⎍ °⎍ ⎍ ᒣ, *Alice* printed in the Nyctographic Square Alphabet, 2011

·ᒐᴄıʃ'ɪᴢ ɪʇﹺɪɹˡʰɔᴢ ıɪ ·ʃɪʇᴘᴄɪᴉ,
Alice printed in the Shaw Alphabet, 2013

ALISIZ ADVENꟼ𝔼RZ IN WUNDRLAND,
Alice printed in the Unifon Alphabet, 2014

Elucidating Alice: A Textual Commentary on *Alice's
Adventures in Wonderland*, by Selwyn Goodacre, 2015

Behind the Looking-Glass: Reflections on the Myth of
Lewis Carroll, by Sherry L. Ackerman, 2012

Clara in Blunderland, by Caroline Lewis, 2010

Lost in Blunderland: The further adventures of Clara,
by Caroline Lewis, 2010

John Bull's Adventures in the Fiscal Wonderland,
by Charles Geake, 2010

The Westminster Alice, by H. H. Munro (Saki), 2010

Alice in Blunderland: An Iridescent Dream,
by John Kendrick Bangs, 2010

Rollo in Emblemland, by J. K. Bangs & C. R. Macauley, 2010

Gladys in Grammarland, by Audrey Mayhew Allen, 2010

Alice's Adventures in Pictureland,
by Florence Adèle Evans, 2011

Eileen's Adventures in Wordland, by Zillah K. Macdonald, 2010

Phyllis in Piskie-land, by J. Henry Harris, 2012

Alice in Beeland, by Lillian Elizabeth Roy, 2012

The Admiral's Caravan, by Charles Edward Carryl, 2010

Davy and the Goblin, by Charles Edward Carryl, 2010

Alix's Adventures in Wonderland:
Lewis Carroll's Nightmare, by Byron W. Sewell, 2011

Áloþk's Adventures in Goatland, by Byron W. Sewell, 2011

Alice's Bad Hair Day in Wonderland,
by Byron W. Sewell, 2012

The Carrollian Tales of Inspector Spectre,
by Byron W. Sewell, 2011

Alice's Adventures in An Appalachian Wonderland,
Alice in Appalachian English, 2012

Patimatli ali Alice tu Vãsilia ti Ciudii, Alice in Aromanian, 2015

Алесіны прыгоды ў Цудазем'і, Alice in Belarusian, 2013

Ahlice's Aveenturs in Wunderlaant,
Alice in Border Scots, 2015

Alice's Mishanters in e Land o Farlies,
Alice in Caithness Scots, 2014

Crystal's Adventures in A Cockney Wonderland,
Alice in Cockney Rhyming Slang, 2015

Aventurs Alys in Pow an Anethow, *Alice* in Cornish, 2015

Alice's Ventures in Wunderland, *Alice* in Cornu-English, 2015

Alices Hændelser i Vidunderlandet, *Alice* in Danish, 2015

آلیس در سرزمین عجایب (Âlis dar Sarzamin-e Ajâyeb),
Alice in Dari, 2015

La Aventuroj de Alicio en Mirlando,
Alice in Esperanto, by E. L. Kearney, 2009

La Aventuroj de Alico en Mirlando,
Alice in Esperanto, by Donald Broadribb, 2012

Trans la Spegulo kaj kion Alico trovis tie,
Looking-Glass in Esperanto, by Donald Broadribb, 2012

Les Aventures d'Alice au pays des merveilles,
Alice in French, 2015

Les Aventures d'Alice au pays des merveilles,
Alice in French, illus. Mathew Staunton, 2015

Alice's Abenteuer im Wunderland, *Alice* in German, 2010

Alice's Adventirs in Wunnerlaun,
Alice in Glaswegian Scots, 2014

Balþos Gadedeis Aþalhaidais in Sildaleikalanda,
Alice in Gothic, 2015

Nā Hana Kupanaha a ʻĀleka ma ka ʻĀina Kamahaʻo,
Alice in Hawaiian, 2012

Ma Loko o ke Aniani Kū a me ka Mea i Loaʻa iā ʻĀleka ma Laila, *Looking-Glass* in Hawaiian, 2012

Aliz kalandjai Csodaországban, *Alice* in Hungarian, 2013

Eachtraí Eilíse i dTír na nIontas, *Alice* in Irish, by Nicholas Williams, 2007

Lastall den Scáthán agus a bhFuair Eilís Ann Roimpi, *Looking-Glass* in Irish, by Nicholas Williams, 2009

Eachtra Eibhlíse i dTír na nIontas, *Alice* in Irish, by Pádraig Ó Cadhla, 2015

Le Avventure di Alice nel Paese delle Meraviglie, *Alice* in Italian, 2010

L's Aventuthes d'Alice en Êmèrvil'lie, *Alice* in Jèrriais, 2012

L'Travèrs du Mitheux et chein qu'Alice y dêmuchit, *Looking-Glass* in Jèrriais, 2012

Las Aventuras de Alisia en el Paiz de las Maraviyas, *Alice* in Ladino, 2014

Alisis pīdzeivuojumi Breinumu zemē, *Alice* in Latgalian, 2015

Alicia in Terra Mirabili, *Alice* in Latin, 2011

Aliciae per Speculum Trānsitus (Quaeque Ibi Invēnit), *Looking-Glass* in Latin, 2014

Alisa-ney Aventuras in Divalanda, *Alice* in Lingua de Planeta (Lidepla), 2014

La aventuras de Alisia en la pais de mervelias, *Alice* in Lingua Franca Nova, 2012

Alice ehr Eventüürn in't Wunnerland, *Alice* in Low German, 2010

Contoyrtyssyn Ealish ayns Çheer ny Yindyssyn,
Alice in Manx, 2010

Ko Ngā Takahanga i a Ārihi i Te Ao Mīharo,
Alice in Māori, 2015

Dee Erläwnisse von Alice em Wundalaund,
Alice in Mennonite Low German, 2012

Auanturiou adelis en Bro an Marthou,
Alice in Middle Breton, 2015

The Aventures of Alys in Wondyr Lond,
Alice in Middle English, 2013

L'Aventuros de Alis in Marvoland, *Alice* in Neo, 2013

Ailice's Anters in Ferlielann, *Alice* in North-East Scots, 2012

Æðelgýðe Ellendǽda on Wundorlande,
Alice in Old English, 2015

Die Lissel ehr Erlebnisse im Wunnerland,
Alice in Palantine German, 2013

Alice Contada aos Mais Pequenos,
The Nursery "Alice" in Portuguese, 2015

Соня въ царствѣ дива: Sonja in a Kingdom of Wonder,
Alice in Russian, 2013

Ia Aventures as Alice in Daumsenland,
Alice in Sambahsa, 2013

'O Tāfaoga a 'Ālise i le Nu'u o Mea Ofoofogia,
Alice in Samoan, 2013

Eachdraidh Ealasaid ann an Tìr nan Iongantas,
Alice in Scottish Gaelic, 2012

Alice's Adventchers in Wunderland, *Alice* in Scouse, 2015

Mbalango wa Alice eTikweni ra Swihlamariso,
Alice in Shangani, 2015

Alice's Adventirs in Wonderlaand, *Alice* in Shetland Scots, 2012

Alice muNyika yeMashiripiti, *Alice* in Shona, 2015

Ailice's Àventurs in Wunnerland,
Alice in Southeast Central Scots, 2011

Alis bu Cëlmo dac Cojube w dat Tantelat, *Alice* in Ṣurayt, 2015

Alisi Ndani ya Nchi ya Ajabu, *Alice* in Swahili, 2015

Alices Äventyr i Sagolandet, *Alice* in Swedish, 2010

Ailis's Anterins i the Laun o Ferlies,
Alice in Synthetic Scots, 2013

ʻAlisi ʻi he Fonua ʻo e Fakaofoʻ, *Alice* in Tongan, 2014

Alice's Carrànts in Wunnerlan, *Alice* in Ulster Scots, 2013

Der Alice ihre Obmteier im Wunderlaund,
Alice in Viennese German, 2012

Ventürs jiela Lälid in Stunalän, *Alice* in Volapük, 2015

Lès-avîrètes da Alice ô payis dès mèrvèyes,
Alice in Walloon, 2012

Anturiaethau Alys yng Ngwlad Hud, *Alice* in Welsh, 2010

I Avventur de Alìs ind el Paes di Meravili,
Alice in Western Lombard, 2015

Alison's Jants in Ferlieland, *Alice* in West-Central Scots, 2014

Di Avantures fun Alis in Vunderland, *Alice* in Yiddish, 2015

Insumansumane Zika-Alice, *Alice* in Zimbabwean Ndebele, 2015

U-Alice Ezweni Lezimanga, *Alice* in Zulu, 2014

www.ingramcontent.com/pod-product-compliance
Lightning Source LLC
Chambersburg PA
CBHW031854090426
42741CB00005B/486